T0355877

YO, POR MÍ

Dra. Sara Kuburic

LA FELICIDAD EMPIEZA

CUANDO DECIDES SER TÚ

MÍ

Urano

Argentina – Chile – Colombia – España
Estados Unidos – México – Perú – Uruguay

Título original: *It's On Me*
Editor original: The Dial Press, an imprint of Random House,
a Divison of Penguin Random House LLC.
Traducción: Vanesa Laura Fusco

1.ª edición: noviembre 2024

Text Copyright ©2023 Sara Kuburic
All Rights Reserved
Published by arrangement with Folio Literary Management, LLC
and International Editors & Yáñez'Co.
© 2024 de la traducción *by* Vanesa Laura Fusco
© 2024 *by* Urano World Spain, S.A.U.
  Plaza de los Reyes Magos, 8, piso 1.º C y D – 28007 Madrid
  www.edicionesurano.com

ISBN: 978-84-18714-65-8
E-ISBN: 978-84-10365-45-2
Depósito legal: M-20.021-2024

Fotocomposición: Urano World Spain, S.A.U.
Impreso por Rodesa, S.A. – Polígono Industrial San Miguel – Parcelas E7-E8
31132 Villatuerta (Navarra)

Impreso en España – *Printed in Spain*

Índice

PARTE IV
EL YO QUE ERES

Nota de la autora

Las experiencias de vida que cada uno tiene y comparte son íntimas y sagradas; nos pertenecen a nosotros y los demás nunca pueden llegar a comprenderlas por completo. Lo mejor que puede hacer un lector es escucharlas, interpretarlas y aprender de ellas. Son experiencias prestadas, y la cadencia original se conserva dentro de quienes las vivieron. Es por eso que estoy profundamente agradecida con todos aquellos que estuvieron dispuestos a compartir sus historias conmigo, que me ofrecieron la valiosísima posibilidad de vislumbrar su existencia.

Este libro se basa en mi pericia teórica y clínica, pero se inspira en mis propias experiencias y en las conversaciones que he tenido con personas que conozco y con quienes trabajo. A cada cliente, amigo y participante de mi proyecto de investigación se le ha dado un pseudónimo y se han cambiado sus características distintivas. Las conversaciones que reproduzco se han modificado con el fin de proteger la privacidad y respetar la confidencialidad. Además, los detalles de mi vida se han cambiado levemente en algunas ocasiones para preservar mi propia privacidad y mi seguridad, aunque cuidando mantener la integridad de mis experiencias vividas.

Por último, la filosofía es complicada y, si bien he hecho todo lo posible para extraer algunas ideas complejas, te sugiero que leas más sobre el tema para llegar a tus propias verdades.

A todas las personas que se sienten perdidas

No sé quién soy

—¿Eres feliz?

La pregunta me toma por sorpresa, al igual que mis ganas de responder: «No, en absoluto. Solo tolero el hecho de estar viva».

Me quedo atónita.

Tengo veinticuatro años y he ido a pasar el fin de semana a Los Ángeles. He salido a tomar algo con un querido amigo de la universidad a quien no he visto mucho desde que nos graduamos. La conversación estaba siendo ligera: rememoramos los días despreocupados de cuando estudiábamos, con algunos recuerdos divertidos y otros vergonzosos. Pero después él me ha apuntado con la pregunta aparentemente inofensiva:

«¿Eres feliz?».

Si bien no lo digo en voz alta, esta es la primera vez que me he permitido reconocer que soy profundamente infeliz. ¿Por qué ahora? En esta intersección entre la verdad y la emoción a flor de piel —el momento que, años más tarde, identificaré en mis clientes cuando se dan cuenta, de forma repentina e imposible de contener, que ya no les parece que ese aspecto de su vida sea sincero— empiezan a rodarme las lágrimas por la cara. Mi amigo se queda mirándome, desconcertado.

Me quedo ahí sentada, sintiendo que mi cuerpo me ha traicionado y me ha tendido una emboscada. Se me empieza a agitar la respiración mientras los pulmones luchan por obtener aire entre los sollozos. No digo nada; solo me hundo en pensamientos inconexos y estruendosos:

«Soy profunda y terriblemente infeliz».

«Ya no sé quién soy… ni recuerdo cuándo fue la última vez que lo supe».

«Me siento rota… pero no recuerdo cuándo me rompí».

Le digo a mi amigo que necesito ir al baño. Tambaleante, camino hasta el lavabo y lo sujeto por los bordes para afianzarme. Un grito se está formando en mi interior, pero no lo dejo salir. Me echo agua en la cara y el cuello, con la esperanza de que el frío me traiga de vuelta a una realidad que duela un poco menos.

Cuando me miro al espejo, me encuentro con unos ojos huecos y desconocidos. Están vacíos. ¿Hay alguien ahí dentro? Levanto el brazo para limpiarme la cara, y la desconocida me copia. La mujer que me toca las mejillas soy yo, pero no la siento como si fuera yo. Me siento desconectada por completo de la persona que me mira desde el espejo. ¿Es esta la persona que todos ven?

Me siento mareada, abrumada sin saber por qué.

Entonces, al fin caigo en la cuenta: DETESTO a la mujer del espejo. Ella me confunde, me frustra y me lastima todo el tiempo. ¡Que se vaya a la mierda! Yo sufro mientras ella solo me mira vivir una vida que ya ni siquiera sé si vale la pena vivir.

Así que no…

—No soy feliz —digo finalmente en voz alta, en un baño vacío, a nadie en particular.

A la mañana siguiente tengo que tomar un avión; mi hermana y yo hemos hecho un «viaje de chicas» a Los Ángeles y ahora toca volver a nuestro hogar en Vancouver. Conseguí recobrar la compostura en el bar la noche anterior, pero ahora el temor a volver a mi vida «real» se puede palpar. Mientras hago el equipaje, me siento más pesada con cada prenda que meto en la maleta. Empiezo a pensar en todas las personas, las cosas y los roles que he «puesto» en mi vida que no eran para mí. Me reprendo enseguida, sintiéndome desagradecida, incluso avergonzada de mi descontento. A los nueve años, yo ya había sobrevivido a las guerras de Bosnia y Kosovo, y el hecho de estar viva, sana y viviendo en Canadá es un privilegio enorme y maravilloso. Tengo comida, un techo y el aire fresco del mar. ¡Todo va bien!

Pero, claro, esta positividad forzada lo único que logra es hacerme sentir peor.

La verdad es que últimamente me cuesta ser agradecida. Vivo en un apartamento de dos ambientes oscuro y horrible ubicado en un sótano, que mi esposo y yo apenas podemos pagar. La camioneta desvencijada que conduzco hace un ruido tremendo cada vez que aprieto el freno. Me casé en el verano previo a empezar mis estudios de posgrado, a la tierna edad de veintidós años, y en la conservadora comunidad cristiana en la que me crie, nadie se inmutó ante el hecho de que yo asumiera semejante compromiso antes de que se hubiera desarrollado por completo mi lóbulo frontal. «¿Cómo es que nadie me detuvo?», me pregunto. Ahora regreso a un esposo al que no amo. Por suerte, no estoy en casa gran parte del día porque voy a clases y estudio para mi maestría en *counseling*, pero incluso mi refugio es agotador y competitivo. Con cada tarea asignada, mis defectos y traumas del pasado saltan a la vista. Además de atender mis obligaciones académicas, debo aprender acerca del dolor emocional de otras personas y guiarlas mediante sesiones de terapia, a la vez que intento lidiar con mi propio dolor. Paso buena parte del tiempo soñando con tener una vida muy diferente, fantaseando acerca de una infinidad de «qué habría pasado si» para poder sobrellevar mi realidad. Últimamente he notado que mis sentidos se han embotado, lo que me hace sentir casi distante de mi propia existencia.

Me siento presionada para ser alguien que no soy y para vivir una vida que no quiero. La gente cree que mi vida es divertida, genial, incluso idílica, y yo me he tomado el trabajo de fingirlo: el matrimonio perfecto, la figura delgada, los logros académicos. Sin embargo, por más que lo intente, me parece que estoy fracasando, que me fallo a mí y a los que me rodean.

Me estoy ahogando.

Se me pide que sea muchas cosas: esposa, estudiante, terapeuta, amiga, hija y hermana. Pero nadie me pide que sea mi propio Ser, que me muestre como soy de verdad. Y si alguien me lo pidiera, no importaría, porque ni siquiera yo sé quién es esa persona. No dispongo de espacio para desenmarañar mis pensamientos ni descifrar lo que siento, aunque quizás eso solo sea una excusa, porque tengo la ligera sospecha de que, si lo hiciera, terminaría deshecha. Me siento atrapada, con miedo a que todas mis decisiones, tanto grandes como pequeñas, me hayan sentenciado a vivir una vida que no quiero y sin libertad condicional. En el fondo, sé que la única manera de escapar es destruir mi vida actual.

Pero ¿qué pasa si, mientras tanto, me destruyo a mí? ¿Qué pasa si me rompo yo antes de romper mis cadenas?

———————

En el taxi que me lleva al aeropuerto estoy sudando en exceso, clavándome las uñas en las palmas de las manos para tratar de no vomitar. Nada en mi cuerpo parece estar bien. Ni siquiera puedo mantener una simple conversación con mi hermana; mis pensamientos vuelan. Cuando llegamos al aeropuerto, se me inundan los sentidos. La gente, la mezcla de olor a comida rápida y a café, y la dificultad de sostener mi cuerpo mientras hago la fila para abordar el avión… es demasiado.

A medida que la molestia se intensifica, me esfuerzo más en tratar de ignorarla. (¿Qué tenemos los humanos que preferimos sufrir antes que afrontar nuestra verdad?). Niego mi realidad con bastante éxito hasta que estamos sentadas en el avión y se ilumina la señal del cinturón de seguridad antes del despegue. Me lo abrocho y, en ese momento, la vista se me hace borrosa, me falta el aire y siento la piel muy tirante. Me desespero por salir con uñas y dientes… del asiento, del cuerpo, de mi vida. Las paredes del avión se cierran como si fueran de lata y el aire parece más denso, viciado. El sudor me cae por el cuello y el pecho. Me desabrocho el cinturón, me pongo de pie y avanzo a empujones hacia la parte delantera del avión. Los pasajeros me miran confundidos mientras la azafata me pide una y otra vez que me siente.

—Tengo que bajar. ¡Tengo que bajar ya! —grito. Está pasando algo. Nada me va a detener.

Ni siquiera recuerdo el momento en que bajé del avión, pero de pronto estoy ante una puerta de embarque vacía, mirando a mi hermana con un pánico absoluto.

Me hormiguean las piernas. Después se me agarrota el cuerpo de cintura para arriba. Los brazos se pliegan sobre sí mismos, las manos se enroscan sobre mi pecho al tiempo que las muñecas se retuercen y los dedos se contraen como garras. Siento que estoy atrapada en mi propio cuerpo. Mi hermana corre a buscar asistencia médica. Por Dios santo. Aterrada, la veo desaparecer en la distancia. Vuelve unos minutos más tarde, aunque parecen horas, justo a tiempo para verme perder el habla. No puedo mover la mandíbula ni la boca, y las palabras que salen son gemidos.

Luego, tan pronto como llegan los síntomas, se me aclara la mente. Estoy centrada.

Es curioso cómo perdemos las limitaciones cuando pensamos estar frente a la muerte. En este momento, me doy cuenta de que soy capaz de hacer lo que sea con tal de protegerme, porque nada justifica lo que estoy sintiendo. «¿Y si muero antes de siquiera tener la posibilidad de existir de verdad?», me pregunto.

Ya no parece que mirarme de frente y cambiar mi vida sea una sugerencia: es una necesidad. Estoy dispuesta a ajustar, quemar, tirar, abandonar o destruir lo que sea. Un pensamiento resuena con más fuerza: «Estaré presente para mí. Ya no seré una observadora pasiva de mi propia vida».

Varios minutos más tarde, llegan los paramédicos. No me estoy muriendo; acabo de tener mi primer ataque de pánico. Me dan una píldora y me piden que respire. Están calmados, y yo no entiendo su falta de preocupación: ¡acabo de mirar a la muerte a la cara! Pero, en efecto, unos minutos después, puedo volver a hablar, se me aflojan los brazos y consigo ponerme de pie.

———————

Hoy entiendo que mi ataque de pánico se produjo en respuesta a haber «reconocido» mi profunda pérdida: el hecho de que estaba sumida en una vida que no era la indicada para mí y que estaba luchando para «habitar» mi propio Ser. Este suceso no cambió mi vida por sí solo, pero me obligó a darme cuenta de que no se modificaría nada si yo no hacía cambios. Una de las cosas que debía hacer para asumir la responsabilidad de mi vida era reconocer cuándo el problema era yo. Debía mirar hacia dentro y aceptar que, a fin de cuentas, debía hacerme cargo de aceptar que mis decisiones habían creado mis realidades y de tomar las medidas necesarias para cambiar las cosas.

En los meses posteriores al ataque de pánico en el aeropuerto, puse toda mi intención en crear espacio para albergar la versión del Yo que «quería» ser, para crecer y evolucionar. En lugar de controlar o limitar quién era (o de permitir que otros lo hicieran), aprendí a dejar que mi propio Ser se «expresara». Y, en este modo de existir, empecé a sentirme más conocida, vista y comprendida que nunca, no por los demás sino por mí misma. Aprendí quien era yo y, finalmente, aprendí a vivir como mi propio Ser.

En concreto, puse fin a mi matrimonio. Me tomé un año sabático de los estudios. Dejé de atender clientes durante un tiempo. Me distancié de amigos que no me parecía que me tuvieran en consideración. Puse límites y, en consecuencia, perdí o transformé de forma significativa muchas de las relaciones que contribuían a mi estado de ansiedad o de angustia existencial. Empecé a prestar atención a mi cuerpo, muy detenidamente. Admití que había estado viviendo en una jaula de expectativas. Hice la maleta, confirmé que tenía ochocientos dólares en mi cuenta bancaria, le pregunté a una amiga si podía dormir en su sofá y me subí a un avión hasta el pueblo de Serbia en el que me crie (sin idea alguna de lo que haría allí ni cuándo volvería). Escribía en mi diario. Me permití llorar. Empecé a enfrentar el trauma de mi pasado atravesado por las guerras. Ni siquiera volví a practicar sexo hasta que tuve ganas de verdad. Comía y me movía respetando mi cuerpo. Hice un duelo por la relación que nunca había tenido conmigo misma. Presté atención a lo que quería decir y lo cuestioné. Descansé. Aprendí a poner todo esto en práctica con regularidad, un esfuerzo constante y repetido que moldeó mi vida. Y lo más importante: asumí la «responsabilidad» de mi propia existencia.

Cuando volví a la universidad, terminé mi maestría en *counseling* y luego hice un doctorado en Psicoterapia. Empecé a trabajar como terapeuta existencial, ayudando a mis clientes con su identidad, las relaciones, los traumas y, bueno, distintas cuestiones existenciales (más adelante veremos qué son). Empecé a trabajar con personas que se sentían vacías, desconectadas, frustradas o simplemente infelices por la vida que llevaban o el ser que eran.

En mis sesiones, empecé a ver un hilo en común:

La pérdida del propio Ser.

Considero que la pérdida del propio Ser está en el centro de gran parte del sufrimiento de los humanos. Si bien la mayoría podemos comprender por intuición lo que significa la frase «pérdida del propio Ser», es probable que nunca hayamos oído hablar de ello ni se nos haya explicado. La pérdida del propio Ser es la responsabilidad fallida de ser nuestro Yo. No es un concepto que figure en los manuales de diagnóstico de trastornos mentales ni en la mayoría de los consultorios de terapeutas, pero es una experiencia inherentemente humana que se ha manifestado en novelas, obras de arte, música y en la vida de casi todos.

Después de haber vivido la pérdida de mi propio Ser, comencé a reconocerla en otros con facilidad, y me resultó fascinante observar que mi experiencia se reflejaba en los relatos que fui oyendo con el paso de los años por parte de mis clientes y de los participantes del proyecto de investigación. Es por este motivo que escribí este libro: para ayudarte a explorar el concepto de la pérdida del propio Ser, de modo que puedas responder por tu cuenta dos preguntas, que posiblemente sean las más sobrecogedoras:

¿Quién soy?
¿Por qué estoy aquí?

Yo no voy a darte las respuestas, o, mejor dicho, no puedo. Lo que sí voy a hacer es mostrarte cómo vivir dentro de estas preguntas. La vida es caótica y compleja; necesitamos soltar la idea de que es sencillo ser humano. Dejemos de fingir que hay respuestas definitivas a todas las preguntas de la vida o que todos nos dirigimos a un solo destino de éxito y felicidad. Eso no es posible, ese lugar no existe. Pero verás que una vida en la que te hagas preguntas todo el tiempo y en la que asumas la responsabilidad de vivir tus propias respuestas personales e individuales es una existencia sumamente liberadora y profundamente significativa.

Muchos experimentamos dolor por resistirnos a ser quienes somos y a querer lo que queremos, por no estar abiertos a lo absurdo de la existencia y a los caminos desconocidos que toma la vida. Mi ataque de pánico, si bien es cierto que fue atroz, también fue el momento inconfundible que me embarcó en el camino profundo y estimulante de encarnar a quien soy de verdad. Hoy, ese recuerdo está teñido de gratitud;* si no lo hubiera vivido, quizás seguiría dando vueltas, preguntándome quién soy y qué hago aquí. O, lo que es peor, sencillamente seguiría tolerando estar viva durante el resto de mis días.

Al fin me siento «libre»: libre de expresarme, de disfrutar una copa de vino y de sentir el aroma del mar que entra por la ventana. Las personas que forman parte de mi vida son genuinas y me apoyan. Mis «roles» se alinean con quien soy: los vivo desde la resonancia que me generan más que desde la obligación. Tomo decisiones que respetan a mi persona, mientras abrazo la tarea constante de «habitar» mi propio Ser. Cuando me miro al espejo, reconozco a la persona que me mira, y estoy orgullosa de ella.

Acompáñame en este recorrido de existencia dinámico, hermoso y valioso para para «decidir» en todo momento y de manera consecuente quién eres, y para decir «sí» a las personas, los lugares y las cosas que te dan sentido a ti. Para decir «sí» a enfrentar, aceptar y ser responsable por completo de tu única y bella vida y, lo que es aún más importante, de tu propio Ser.

---

* Con esto no quiero decir que siempre deberíamos «agradecer» las experiencias dolorosas de la vida.

PARTE I

EL PROPIO SER

Atreverse es perder el equilibrio por un tiempo. No atreverse es perderse a uno mismo. [1]

Cita atribuida a Søren Kierkegaard

1. ¿Qué es la pérdida del propio Ser?

Este es un ejercicio de visualización que suelo hacer con mis clientes para darles una idea de cómo es la pérdida del propio Ser:

Imagina que no hay nadie y tomas asiento en un sillón de cuero en medio de una sala. Enfrente tienes una mesa de centro astillada que apenas logra sostener el peso de los numerosos libros polvorientos que pensabas leer, pero para los que nunca tuviste tiempo. Tienes una taza de café que se ha enfriado, con la leche cuajada en la superficie. En la mesa auxiliar que tienes al lado, hay una lámpara verde de estilo *vintage*, puramente decorativa porque la sala se está incendiando.

Las llamas trepan por las paredes, despegando el papel decorativo y soltando nubes de cenizas. Las llamaradas se van a acercando a ti poco a poco; las chispas van quemando la alfombra y dejando hoyos a tus pies. Apenas alcanzas a ver con la humareda; los pulmones se te llenan de humo, te lloran los ojos. Sin embargo, sigues en el sillón, pagando las cuentas, revisando el correo electrónico, cumpliendo con las fechas de entrega del trabajo, enviando mensajes de texto extensos y angustiados, publicando frases motivadoras en Instagram, pero sin prestar atención a tu muerte inminente. Oyes unos débiles gritos instintivos en tu interior. Una voz en lo más hondo que te ruega que te MUEVAS.

Sin embargo, te convences de que «esto está bien», de que «tú» estás bien, incluso en control. Te convences de que la forma

en que has elegido vivir no te hará daño. Tu vida está amenazada, pero, por una u otra razón, no lo ves; lo pasas por alto, o
quizás estés esperando a que alguien te salve. Tienes demasiadas
«ocupaciones» para salvarte. O quizás sí notas las llamas, pero te
preocupa debatir sobre quién las encendió: prefieres buscar a la
persona culpable en lugar de buscar cómo vivir. Más allá de los
detalles, no decides apagar el fuego, lo que en última instancia
significa que decides quemarte.

Les pido a mis clientes que piensen en esta metáfora, que la explo-
ren y traten de darle sentido. Cuando ya han elaborado su propia interpretación, yo les comento el significado:

No estamos con nadie en la sala porque esto es así: nunca nadie
sabrá de verdad cómo es ser «nosotros». El sillón viejo y gastado
representa la comodidad que sentimos con los hábitos y los patrones que hemos desarrollado. Está en el centro de la sala porque muchas veces estamos en el foco de nuestra propia vida,
para bien o para mal. La tensión en nuestras relaciones (la mesa)
carga con nuestra falta de sanación y de crecimiento personal
(los libros sin leer). El café frío representa el paso del tiempo y
la autocomplacencia ya instalada. La lámpara representa nuestra
conciencia cada vez más tenue, cuya luz queda opacada por las
llamas (nuestra negación) que trepa por las paredes.
El papel decorativo representa nuestros límites. Con el tiempo, empieza a despegarse y a afectar la integridad de la sala, de
quienes somos. La alfombra, nuestros cimientos —las creencias,
la moral, los valores—, se incendia, y tratamos con dificultad de
mantener el equilibrio. La dificultad para ver representa las historias perjudiciales que nos contamos, y el humo que nos llena los
pulmones es una metáfora de todas las cosas que consumimos
pensando que nos harán sentir «plenos», pero no. Conseguimos
ignorar las señales de peligro y la llamada a asumir la responsabilidad. Renunciamos a nuestra libertad y arriesgamos nuestra vida
para disfrutar de la calidez de lo conocido: nuestras supuestas

obligaciones y cuestiones mundanas del día a día. Puede que no sepamos por qué estamos en una sala en llamas ni de quién es la culpa, pero, a fin de cuentas, lo único que importa es qué hacemos al respecto.

———————

Puede resultar difícil hacernos a la idea de enfrentar una amenaza tan clara y seguir con nuestra vida como si no fuera a pasar nada. Cuesta imaginar que una persona al borde de perder algo tan significativo como su propio Ser pueda hacer caso omiso a las señales de alerta. Esta pérdida, este peligro inminente del que hablo, no es de naturaleza física, sino existencial.

Ese es el peligro que la mayoría enfrentamos como consecuencia del modo en que decidimos vivir nuestra vida diaria.

Acompañemos a una chica llamada Alex en un día cualquiera de su vida. Cuando suena el despertador por la mañana, lo primero que hace es mirar su teléfono. Tan solo le lleva unos segundos seleccionar la primera app. Entrecierra los ojos mientras estos se adaptan al brillo para dejar de ver la pantalla borrosa y revisa sus mensajes directos, calculando en silencio cuándo responder a una foto o indicar que le gusta sin parecer ansiosa. Desliza la pantalla de forma mecánica unos minutos, o diez o veinticinco, y toma nota, de forma consciente o inconsciente, de la vida de los demás, la forma de su cuerpo o sus logros, y así suma nuevas inseguridades, comparaciones o expectativas. Luego, se prepara (para la vista de los demás) a toda prisa, y, si esa mañana le queda tiempo para hacer aunque sea una cosa para ella, se hace un café. Siempre. Alex se lo traga mientras entra a la primera reunión virtual o sale corriendo hacia el tren, olvidándose por completo de desayunar, beber agua… o respirar hondo.

En el trabajo, esboza una débil sonrisa mientras lidia con personas desagradables, descorteses o que simplemente hacen mal su trabajo. Vive según lo que dicta su calendario en línea, que le dice con quién hablar y cuándo, y qué tareas debe abordar. Suele revisar sus correos electrónicos mientras está en una llamada larga, y no les presta atención

ni a unos ni a la otra. Si se siente molesta, le envía un mensaje de texto
burlón a algún colega que esté en la misma llamada y espera a ver si se
ríe. A la hora del almuerzo, bebe otra dosis de cafeína y come algo, pero
apenas se toma un momento para notar el sabor de la comida. Toma
una foto de su ropa o de la vista desde su escritorio y hace un comentario acerca del clima o su carga de trabajo, o una broma con la que se
critica a sí misma. Cada dos o tres minutos, Alex se fija en quién ha
visto su historia y también la mira: sus fotos suelen mostrar su vida
mejor de cómo ella sabe vivirla y al mirarlas siente como si viviera mucho más de lo que vive en realidad.

Después del trabajo, se sube a su bicicleta fija, no porque le importe
su salud, sino porque odia su cuerpo. Más tarde, se encuentra con unas
amigas o mira Netflix en el sillón para distraerse de la sensación de
agotamiento, angustia, aburrimiento o insatisfacción, y pasa casi todo el
tiempo mirando el teléfono, preguntándose si la persona con la que está
saliendo va a contestar a su mensaje. Finalmente, se mete en la cama y
mira la pantalla hasta que le pesan los párpados.

Alex se ha acostumbrado a vivir en la sala en llamas, y algunos podrían llegar a decir que le resulta cómodo.

Y, con cada día que pasa, se hunde cada vez más en la pérdida del
propio Ser.

¿Algo de todo esto te resulta conocido?

El término «pérdida del propio Ser» casi da a entender que podemos
perder nuestra esencia como si fueran las llaves del coche o el cargador
del teléfono. Y, si bien puede considerarse una explicación tentadora, no
sería correcto comparar la pérdida del propio Ser con perder «algo o a
otra persona». Dicho de forma sencilla: **la pérdida del propio Ser significa estar separados de quiénes somos de verdad, faltos de congruen-
cia, resonancia y alianza con nuestro Yo.** Es sentir que no somos
coherentes ni auténticos, que nuestros actos, sentimientos y decisiones
han dejado de representar el modo en que nos comprendemos y experimentamos en el «verdadero» proceso de ser.

La lamentable realidad es que muchos continuamos con nuestra vida
sin inmutarnos por el hecho de no saber quiénes somos. Como terapeuta existencial, he conseguido entender que el sentido humano del Ser es

la base del bienestar, de las relaciones y de la plenitud. Por otro lado, la pérdida del propio Ser suele constituir la razón por la cual no logramos comunicar ni fijar límites, nos aferramos a creencias que ya no nos sirven, nos cuesta relacionarnos, nos abruma o nos asusta tomar decisiones, nos resulta terriblemente difícil amarnos a nosotros mismos y, por último, la razón por la que muchos no podemos darle sentido y un propósito a nuestra vida.

Si estás leyendo esto, es posible que pases gran parte de tu tiempo sintiéndote como un zombi, no consciente, vibrante o libre del todo. Este estado de la existencia es tan común que, a estas alturas, me atrevería a decir que la pérdida del propio Ser se ha vuelto parte de la condición humana. No es patológico, no es un diagnóstico (aunque puede ocurrir simultáneamente con otras dificultades de salud mental). Es algo a lo que muchos nos enfrentamos y es el obstáculo que se interpone en el camino a la autenticidad, la plenitud y la conexión significativa con los demás.

El quid de la pérdida del propio Ser es que no nos permite existir, no de verdad. No nos permite existir de un modo que nos resulte satisfactorio o, quizás, que nos parezca que vale la pena el esfuerzo.

Muchas veces la pérdida del propio Ser es una consecuencia de la forma en que vivimos nuestra vida en apariencia rutinaria y, en ocasiones, mundana. Se manifiesta a través de lo que hacemos y decidimos todos los días, y finalmente nos lleva casi sin darnos cuenta a un punto en el que ya no reconocemos, o no nos conectamos, con nuestro Yo. Esta pérdida se siente como una separación o una enajenación de nuestros sentimientos, cuerpo, pensamientos, creencias, relaciones, sentido, libertad, valores. La desconexión hace imposible actuar con sintonía y coherencia porque ¿con qué nos sintonizaríamos? Y, al cabo de un tiempo, esta disonancia crea un sentimiento tácito e inquietante de vacío, fragmentación o incongruencia que ignoramos y negamos mientras podemos soportarlo.

Søren Kierkegaard, un filósofo danés, dijo una vez que la pérdida del propio Ser «causa poco revuelo en el mundo; porque en el mundo lo que menos se busca es el ser, y también es lo que menos se quiere dar señales de tener, por los peligros que eso conlleva. El mayor peligro, el de perderse a uno mismo, puede pasar en el mundo con absoluta tranquilidad, como si no fuera nada; toda pérdida, ya se trate de un brazo, una pierna, cinco dólares, una esposa, etc., está destinada a pasar desapercibida».[2]

La paradoja de esta pérdida es que, a pesar de pasar desapercibida en gran parte de los casos, igual implica a nuestra voluntad. Es decir, en definitiva, ocurre porque «nosotros lo permitimos». No perdemos nuestro Yo sin nuestro permiso o nuestra participación. «Puede que no elijamos estar en una sala en llamas, pero nuestra inacción, nuestra negligencia a la hora de extinguir las llamas, se convierte en una decisión». Quizás el distanciamiento se deba a una falta de conciencia por nuestra parte, a un entorno o una relación perjudiciales, o a una vieja herida. Pero la mayoría de las veces la pérdida del propio Ser, la desconexión total de quienes somos, se consigue finalmente mediante un proceso de autoengaño. La amenaza es tan grande que la única forma de afrontarla, además de hacer algo al respecto, es mentirnos a nosotros mismos y negar que nos sentimos vacíos, insatisfechos y confundidos. La vida se ha convertido en un mosaico de esfuerzos equivocados por llenar nuestro vacío con relaciones, trabajos, posesiones o incluso, a veces, hijos; cualquier cosa que nos permita fingir durante un poco más que no pasa nada. Ignoramos todo el tiempo nuestro pasado, nuestras sombras, nuestras heridas, y luego nos preguntamos por qué terminamos tomando decisiones que no nos sirven.

La tendencia a autoengañarnos, a ocultarnos la verdad y ver solo lo que queremos ver a pesar de las pruebas que indican lo contrario, no es solo una peculiaridad individual, sino un enfoque del propio Ser arraigado en la sociedad en su conjunto. La sociedad ha normalizado que seamos algo distinto a nuestro propio Ser y, a decir verdad, la mayoría no sabemos que existe un camino alternativo. Nos han enseñado a inventar, fingir, transformar y editar lo que somos para alcanzar un sentido de «pertenencia» o «reconocimiento», como si esos logros externos compensaran el vacío interior.

Algunos sabíamos quiénes éramos y luego perdimos el rumbo. Algunos nunca llegamos a habitar nuestro Ser. Nos hicimos mayores, envejecimos, nuestros roles y funciones cambiaron, pero nunca captamos nuestra «esencia» (la cualidad intrínseca que nos hace ser quienes somos, un concepto que estudiaré con más detalle en el próximo capítulo). Nos convertimos en muchas cosas —profesionales, socios, mentores, madres o padres, amigos—, pero nunca llegamos a habitar nuestro Ser. Nunca asumimos una verdadera responsabilidad por el tiempo precioso y limitado que se nos concedió. Sin darnos cuenta, una profunda sensación de desorientación nos dificultó saber por dónde empezar.

La pérdida del propio Ser, en su función más básica, restringe nuestra capacidad de habitar nuestro Ser.

Es una de las experiencias humanas más dolorosas, un sufrimiento invisible que tiñe todos los aspectos de nuestra vida. Debido a que no sabemos quiénes somos, hacemos lo siguiente:

Nos saboteamos a nosotros mismos y nos hacemos daño sin querer.

Nos cuesta identificar y verbalizar lo que necesitamos, pensamos o sentimos.

Nos encontramos viviendo una vida que no queremos o que no nos satisface.

Les damos prioridad a los demás en lugar de a nosotros mismos.

Permanecemos en relaciones en las que no deberíamos estar.

No podemos salir de ciclos de repetición de patrones nocivos.

Somos incapaces de identificar nuestro propósito o dirección en la vida.

Fracasamos a la hora de establecer y mantener límites.

Nos enfrentamos a un profundo sentimiento de infelicidad.

Experimentamos dificultades con nuestra autoestima.

Tenemos una sensación constante de agobio o de desilusión con la vida.

A la larga, nos cuesta conectar de verdad con lo que somos, aceptarlo y confiar en ello.

¿CÓMO SE MANIFIESTA LA PÉRDIDA DEL PROPIO SER?

No abordé la pérdida de mi propio Ser durante mucho tiempo, más que nada porque no sabía que estaba perdida. Una de las razones por las que es difícil identificar la pérdida del propio Ser, aparte de nuestra ignorancia voluntaria o involuntaria, es que, para muchos, está profundamente entrelazada con la experiencia de ser humanos.

Experimenté la manifestación de la pérdida del propio Ser en todos los aspectos de mi vida:

Reprimí mis emociones hasta que me desbordaron.

Usé mal e ignoré las señales que me enviaba mi cuerpo, hasta que este me obligó a escuchar.

Tenía la mala costumbre de forzar las relaciones para que funcionaran porque no sabía quién era sin ellas.

Viví gran parte de mi vida aceptando ciegamente un sistema de creencias que guiaba mi moral. El problema no era esa visión del mundo en sí, sino que yo no tenía capacidad de acción y no estaba en sintonía con mis propias necesidades y deseos.

Por último, si bien en apariencia yo era de esos seres humanos aburridos y siempre responsables, era terriblemente irresponsable con mi propia existencia. Vivía como si me sobrara el tiempo y no fuera a sufrir las consecuencias de mis actos. Me engañé a mí misma pensando que debía vivir mi vida estando insatisfecha, triste y confundida.

Ojalá hubiera reconocido antes mi pérdida, pero para ello habría tenido que saber qué buscar, y no lo sabía. Así que me gustaría ayudar a comprender mejor cómo suele manifestarse la pérdida del propio Ser en nuestra vida, de forma «holística». Veamos cinco categorías principales:

1. Las emociones
   Las personas que experimentan la pérdida del propio Ser suelen tener dificultades para autorregularse, tranquilizarse o conectar

desde lo emocional: carecen de conexión interna. Como consecuencia, empiezan a afrontar la situación mediante estrategias de evitación, supresión o escape.

Algunas estrategias de afrontamiento son más obvias, como emborracharse todas las noches o mirar la televisión durante horas. Otras son difíciles de detectar porque a simple vista pueden parecer comportamientos admirables. Por ejemplo, muchas personas se mantienen ocupadas o buscan cumplir logros (las insignias de honor de la sociedad). Esas personas siempre nos impresionan en lugar de preocuparnos (lo que a veces sería una respuesta más adecuada). Van por la vida ahogando su pérdida al anestesiarse o distanciarse de sus sentimientos, demasiado ocupadas para sentir el dolor.

El impacto emocional de la pérdida del propio Ser suele encontrarse en los extremos.

Algunas personas se irritan ante la presencia de otras que muestran muchas emociones (o, más precisamente, se sienten provocadas por ellas). Se compadecen de los demás por su «falta de control» y se felicitan por poder contenerse hasta el punto de no sentir nada. Consideran que su forma de manejarse en la vida es superior y no dejan que nadie exprese sus emociones a su alrededor. Yo antes era así.

En otras personas, la pérdida del propio Ser puede ocasionar que se sientan constantemente agobiadas por sus sentimientos y no sepan qué hacer con ellos. Tal vez permitan que sus actos se rijan por sus emociones y esperen que los demás los ayuden a gestionarlas, mientras tratan de entender lo que sus emociones significan o intentan comunicar. Por ejemplo, se sabe que algunas madres primerizas rompen objetos en su casa o dan puñetazos a las paredes. La imposición y perturbación del propio Ser que puede suponer tener un hijo quizás se traduzca en desbordes de ira y autolesiones. Sí, puede ser un síntoma de ira posparto, pero también puede ser una consecuencia de la disolución del Yo en medio de las interminables exigencias que se presentan de manera repentina.

2. El cuerpo

No podemos separar nuestro cuerpo de lo que somos. Desde este punto de vista, es esperable que, cuando experimentamos la pérdida del propio Ser, nos resulte más difícil sentirnos sintonizados y congruentes, es decir, que nos cueste llegar a un estado de acuerdo, armonía y compatibilidad con el sexo, la comida, el movimiento (el ejercicio) y nuestro Yo. Muchas veces malinterpretamos nuestros deseos, necesidades físicas, preferencias o experiencias. Es más probable que usemos nuestro cuerpo como una herramienta que como una forma de expresión o extensión de lo que somos.

Muchos esperamos demasiado de nuestro cuerpo, pero a la vez le prestamos muy poca atención (la típica receta para una relación poco sana). Hacemos ejercicio en exceso, no regulamos el estrés, hacemos comentarios crueles sobre determinadas partes de nuestro cuerpo (los muslos, la barriga, el cuello), no dormimos lo suficiente, nos hidratamos con café en lugar de con agua, ignoramos las señales de malestar o angustia, tenemos sexo de una forma que no deseamos, reprimimos las lágrimas y usamos nuestro cuerpo como señuelo o trofeo en lugar de como una entidad viva, que respira y cambia. Todo esto se debe a que la mayoría no entendemos que nuestro cuerpo es parte de nuestro Yo central.

3. Las relaciones

La relación que tengamos con nuestro Yo se reflejará en los tipos de relaciones que tengamos con los demás. Las personas que experimentan la pérdida del propio Ser son más propensas a entablar y conservar 1) relaciones poco sanas, 2) relaciones unilaterales, 3) relaciones insatisfactorias o 4) todas las anteriores. ¿Por qué? Porque la pérdida del propio Ser suele ir acompañada de nuestra falta de capacidad o de voluntad para discernir qué relaciones están alineadas con cómo nos sentimos, con lo que necesitamos y con quienes somos. Cuando no nos comprendemos a nosotros mismos, es más probable que elijamos una pareja o una relación como respuesta a nuestras heridas, inseguridades o conductas modeladas.

Es común que la pérdida del propio Ser nos prive de nuestro sentido de la valía y nos lleve a intentar recuperar nuestro valor a través de la validación externa. A muchos nos pasa que forzamos las relaciones para que funcionen, convenciéndonos de que lo que nuestra pareja quiere es lo que nosotros queremos, de que la forma en que nos trata es «normal» o, mi explicación preferida, de que «nadie es perfecto», como forma de excusar la repetición de comportamientos nocivos. Esta mentalidad puede conducir a muchas dinámicas insatisfactorias o dolorosas, por no decir otra cosa, así como a fomentar la pérdida del propio Ser al no darnos espacio ni permiso para habitar nuestro Ser. Muchos acabamos por no saber quiénes somos fuera de una relación. Si alguna vez has sentido que no podías separarte de alguien, lo más probable es que fuera por no saber bien quién eras sin esa persona.

4. Consentimiento interno [3]
La pérdida del propio Ser puede causar una falta de consentimiento interno. El «consentimiento interno» es un término del análisis existencial, una forma elegante de referirse al acto de «aceptar» o «permitir» la forma en que elegimos usar nuestra libertad humana y vivir nuestra vida. Cuando experimentamos la pérdida del propio Ser, es común que no vivamos con intención o discernimiento y, como resultado, nos cueste defender o aceptar no solo nuestras circunstancias, consecuencias o responsabilidades, sino quienes somos.

El consentimiento interno es nuestra voluntad de decir «sí» a la vida: decir «sí» a nuestros pensamientos, valores, emociones, a lo que somos, a lo que nos importa, a nuestras convicciones, a nuestra singularidad personal, a nuestra actitud, a nuestro propósito. Es la práctica de sintonizar y evaluar si algo concuerda o está en armonía con lo que entendemos que es nuestro Yo.

Cuando te miras al espejo, ¿puedes respaldar (y apoyar) a la persona que te devuelve la mirada y la forma en que te muestras en cada momento? ¿Puedes sentirte en paz con tus actos, aunque no sean del agrado de los demás? ¿Estás viviendo tu verdad? ¿Te inspira la vida que llevas?

Dar consentimiento interno es una práctica necesaria y continua porque nuestra existencia consiste en una acumulación de momentos. No basta con consentir algunas decisiones o sucesos importantes que alteran la vida. Si no damos nuestro consentimiento a la vida de forma progresiva, puede que nos resulte más difícil dárselo a la vida que estamos viviendo en su totalidad. Cuando damos nuestro consentimiento interno, la vida deja de ser algo que nos sucede y se convierte en algo que es para nosotros, que podemos moldear como queramos.

El consentimiento interno es una «postura de poder».

A veces, decir «sí» en realidad significa decir «no». ¿Qué quiero decir con esto? A veces, para decir «sí» a nuestros valores, creencias, deseos, pensamientos o sentimientos, tenemos que decir «no» a determinados trabajos, invitaciones, personas, relaciones, opiniones y visiones del mundo. Decir «sí» a la vida es decir «sí» a asumir la responsabilidad de cómo existimos; no se trata de aceptar hacer todo lo que nos ofrecen o nos piden.

El consentimiento interno no es algo que simplemente se piensa, sino que más bien se siente: es una profunda sensación de resonancia, de sentir «lo correcto». Es una experiencia de afirmación que nos permite mostrarnos plenamente, mantenernos firmes y expresar nuestro Yo. Es un sentimiento de total acuerdo con nuestras acciones y con lo que percibimos que es nuestro Yo. No hay consentimiento interno sin una idea clara de quiénes somos. Y, sin consentimiento interno, no hay autenticidad ni plenitud.

5. El sentido y la moral

El sentido es la «razón» por la que elegimos vivir, mientras que la moral dicta la «forma» en que elegimos vivir. El sentido y la moral son la dirección o la orientación hacia la que enfocamos nuestra existencia. La pérdida del propio Ser no es solo resultado de la acción o la inacción; a veces es consecuencia de un mal encauzamiento. El impacto de esta pérdida se manifiesta en forma de valores, moralidad o conducta ética ambiguos, o incluso en una total falta de sentido. Muchas veces nos cuesta discernir en qué creer o por qué, o cómo interactuar de manera deliberada con el mundo que nos rodea.

Durante nuestra crianza, a muchos nos enseñaron que el sentido venía de nuestra contribución al mundo. Si bien esto nos da satisfacción a muchos, tal mensaje solo se centra en el sentido como consecuencia de nuestro «rendimiento» o «utilidad». Esta idea puede hacernos olvidar que nosotros (sí, tú, tal cual eres en este momento) albergamos sentido. Punto. Tenemos sentido dentro de nuestro Yo, tenemos el poder de crear sentido a partir de la forma en que interactuamos con el mundo y lo entendemos, no solo a partir de cómo contribuimos a él. Es importante saber que podemos encontrar sentido en una conversación, en una galería de arte o simplemente al contemplar las olas chocar con una roca.

En cuanto a la moral, las personas que crecieron con una serie de normas (moralidad) por las que se regían suelen sentirse perdidas una vez que se distancian de su sistema de creencias, lo cambian o lo cuestionan. Muchos de mis clientes han aprendido la virtud de la obediencia, pero la mayoría no pensaban por sí mismos, o no se les permitía hacerlo. La falta de cuestionamiento y reflexión puede convertirse en una obediencia ciega en la que no se tienen en cuenta el consentimiento interno, la sintonía o la correspondencia. Una moral preestablecida dictaba sus actos, funcionaba como una especie de lista de respuestas para consultar y los convertía en quienes son… y, en el caso de algunos, quienes eran en origen ya se ha perdido.

LA SITUACIÓN MEJORA

Nadie tiene nunca la intención de perder su Yo, pero en algún momento la intención se vuelve irrelevante. No irrelevante en términos de responsabilidad, sino irrelevante en términos de consecuencias. Si alguien prende fuego a su casa, ya sea por accidente o a propósito, la realidad es que hay un incendio del que ocuparse. Más adelante exploraremos quién o qué puede haber encendido la llama que erosionó tu Yo, pero recuerda que el origen de la chispa nunca será tan importante como lo que decidas hacer con el infierno. No es realista esperar que seamos totalmente auténticos ni que estemos sintonizados por completo en cada momento de nuestra vida, pero no podemos dejar de intentarlo. Tenemos la «responsabilidad» de habitar nuestro Ser (sin olvidar tratarnos con piedad mientras continuamos intentándolo).

Debemos dejar de normalizar las dolorosas experiencias de la pérdida del propio Ser. Si bien es frecuente, no vale la pena conformarse con esta situación. Si perdemos nuestro Yo, nos quedaremos con una vida que simplemente soportamos y representamos cual obra de teatro. Merecemos más y podemos tener más.

Es fácil patologizar cualquier experiencia humana que implique sufrimiento, pero no desestimemos el papel que puede desempeñar el dolor en nuestra vida. No estoy insinuando que debamos buscar el dolor, sino más bien que podemos sacar provecho de él cuando ocurra (y ocurrirá). Es útil ver nuestro sufrimiento como una señal y un mensajero.

El dolor que experimentas cuando una llama toca tu piel es el impulso que mueve tu mano para protegerte de las quemaduras. El dolor de la pérdida del propio Ser es igual. Te indica que algo no va bien, y es esta misma señal la que puede motivarte a cambiar tu vida.

Siempre les digo a mis clientes que, durante el proceso de sanación, las cosas suelen empeorar antes de mejorar. Al principio, cuanta más conciencia vayamos cobrando, más nos dolerá. Quizás nos cueste afrontar que nuestros padres nos fallaron o nos hicieron daño de alguna manera, o que nuestra última relación fracasó por nuestra culpa. Pero he aquí la buena noticia: la pérdida del propio Ser no consiste solo en sumergirse en la oscuridad; también puede servir para reorientarse. Es un espacio para la expiación, —es decir, para perdonarnos y reconciliarnos con nosotros mismos—, para la transformación y, a fin de cuentas, la oportunidad de crear plenitud. Puede convertirse en la posibilidad de actuar y ser libres. Al igual que el fuego, la experiencia encierra en sí misma tanto poder destructivo como generativo: moldea y traza sin reparos los caminos de nuestra existencia.

La pérdida es un hermoso lugar en el que podemos sentirnos libres de restricciones e inhibiciones mientras exploramos nuevas ideas, personas, sentidos y cosas. La pérdida puede marcar el comienzo de nuestro Yo.

Me he dado cuenta de que la transformación que resulta de decidir ver, comprender y ser quienes somos no tiene parangón. Quienes somos es una experiencia única, en tiempo real y en constante evolución que jamás se parecerá a la de nadie más. La pregunta «¿quién soy?» tiene que responderse en el momento presente, y cambiará con cada elección que hagamos y con el ejercicio de nuestra libertad humana. Es importante que nos demos cuenta de que nuestra tarea no consiste en volver atrás y tratar de «encontrar» a quienes éramos antes.

El Yo es como un cuadro. Cada momento e interacción representan pintura que se añade a nuestro lienzo. Las capas anteriores contribuyen al cuadro actual, pero, con cada pincelada, la pintura cambia, pasa a ser más de lo que es en realidad. El cuadro nunca puede volver a ser como era. Tu recorrido solo ocurre hacia delante. Cada aspecto de tu vida —cada fracaso, cada cambio, cada pérdida, cada momento de desesperación o alegría— interpela a la persona que eres y a la vida que estás viviendo en el momento presente.

Afrontar la pérdida del propio Ser es un proceso largo y oscuro, y yo estoy aquí para ayudarte con el tuyo. El primer paso es reconocer la pérdida. Es normal sentir agobio cuando intentas mirar a tu Yo, es decir, mirarte «de verdad». Es normal sentir agotamiento o desánimo cuando te esfuerzas por vivir de manera deliberada todos y cada uno de los días. Es normal ceder ante la carga de responsabilidad que supone reconocer la libertad que tienes para moldear y ser quien eres.

Pero el premio compensa con creces el esfuerzo, te lo prometo.

El premio eres tú. El verdadero tú que vive una vida auténtica, libre y con sentido. Cuidado, porque esto no significa una vida fácil, agradable ni perfecta. Significa una vida en la que experimentas de verdad todos los aspectos de existir, una vida en la que participas plenamente; una vida en la que lo sientes todo, tanto los momentos espantosos como los enriquecedores. Una vida en la que cometes errores y sales de ellos con lecciones aprendidas. Una vida en la que encarnas plenamente a la persona que eres.

La Dura Verdad

La persona que eres en este momento, ya sea que estés en un avión, en la mesa de la cocina o en la cama, es quien eres en realidad. Si no te gusta esa persona, eres tú quien debe hacer algo al respecto.

Recuerda

Nunca es tarde para ser tú.

2. ¿Qué es el propio Ser?

E s increíblemente difícil, o quizás imposible, hablar de la pérdida del propio Ser sin entender el concepto del Yo. Al fin y al cabo, ¿quién se perdió? ¿A quién buscamos? Todos hemos explorado el concepto del Yo hasta cierto punto. Algunos simplemente nos hemos cuestionado quiénes somos (aunque solo sea por un momento tras una ruptura, una muerte u otro acontecimiento importante de la vida), y otros hemos experimentado una completa crisis de identidad.

La pregunta «¿quién soy?» es universal; refleja una necesidad innata de comprender nuestro Yo. Aunque es imprescindible para nuestra existencia, por lo general solo nos la planteamos cuando nos enfrentamos a retos, transiciones, desesperación, incertidumbre o la pérdida del propio Ser. La verdad es que la mayoría no nos molestamos en meternos en la madriguera del conejo a menos que nos empujen.

Si bien cuando una persona se pierde la acción «obvia» y promovida socialmente es que se esfuerce por descubrirse a sí misma, ¿qué significa eso en realidad? Por lo general, el «autodescubrimiento» puede entenderse de dos maneras:

1. «Encontrar» la cosa o la persona que perdimos. Buscar algo que ya existe (un Yo que se forma fuera de nuestra conciencia o de nuestras acciones presentes). Encontrar un Yo que estamos «destinados» a ser.
2. Descubrir el Yo «siendo» o «creando» lo que somos.

Esta dicotomía de pensamiento no es nueva, y la forma en que entendamos el concepto de autodescubrimiento dependerá de lo que creamos sobre el Yo.

La cuestión del Yo se remonta a Aristóteles y Platón, los padres de la filosofía moderna, que proponían que cada persona tiene una esencia inherente, un conjunto de propiedades básicas que son necesarias o «esenciales» para que algo sea lo que es. Cuando falta una determinada propiedad, la esencia cambia y se convierte en otra cosa. Al igual que un cuchillo deja de ser un cuchillo si no tiene hoja, nosotros dejamos de ser nuestro Yo cuando no ejemplificamos ciertas propiedades. Según estos primeros filósofos, el «esencialismo» significa que nuestra tarea humana consiste en encarnar una esencia que se nos ha dado. Creían que habíamos nacido para ser una determinada cosa y que podíamos triunfar o fracasar en ello. La mayoría conservamos esta concepción específica del Yo sin saber que procede del esencialismo. Y, si prestamos atención, nos damos cuenta de que otros hacen lo mismo: creadores de contenidos, personajes públicos, incluso nuestros amigos y familiares. De ninguna manera el esencialismo murió con los primeros filósofos.

Los intercambios filosóficos continuaron y, en respuesta al esencialismo, surgió el existencialismo. El existencialismo suele definirse como una teoría o un enfoque que hace hincapié en la existencia de un individuo como «agente libre y responsable» que determina su propio desarrollo mediante actos de su voluntad (en lugar de depender de alguna esencia predeterminada). Jean-Paul Sartre, la figura más reconocible del existencialismo moderno, propuso que primero existimos y luego descubrimos nuestra esencia (una visión que se contrapone al esencialismo). Nacemos y luego determinamos quienes somos a través de la forma en que elegimos vivir. Sartre creía que cualquier esencia que percibimos es lo que hemos creado; no es algo que se nos ha «dado».

Soy psicoterapeuta existencial, por lo que es probable que nadie se sorprenda de que me valga del existencialismo para intentar responder las dos preguntas siguientes:

1. ¿Qué es el propio Ser?
2. ¿Cómo lo entendemos?

A fin de que esta compleja conversación filosófica sea más llevadera, he hecho todo lo posible para brindar una versión resumida del Yo, en lugar de recorrer siglos de teoría agotadora (¡de nada!).

Lo que me gusta del enfoque existencial es que está lleno de iniciativa, elecciones y acción. Søren Kierkegaard, sin duda el primer filósofo existencialista, dijo que «el yo es una relación que se relaciona consigo misma».[4] (Si te has mareado, agárrate fuerte, ¡te prometo que tiene sentido!). El Yo se define por la forma en que se «expresa».[5] La autoexpresión es la forma en que el Yo se manifiesta en el mundo y, en consecuencia, construye la propia identidad a lo largo del tiempo. La concepción de quiénes somos condiciona nuestras acciones, y nuestras acciones condicionan cómo vemos nuestro Yo; en otras palabras, «el Yo no puede ser independiente de su expresión».

Como me crie en los noventa, me gustaría recurrir a una película de Julia Roberts, *Novia a la fuga,*[6] para ilustrar el modo en que nuestras acciones van de la mano con nuestro sentido del Ser (¿quién dice que los principios filosóficos no pueden demostrarse con comedias románticas?). Al personaje de Julia, Maggie, siempre le han «gustado» y ha comido huevos cocinados como les gustan a sus distintas parejas. Hay una escena en la que el principal interés romántico de Maggie, Ike (un periodista interpretado por Richard Gere que escribe un reportaje sobre las distintas relaciones fracasadas de Maggie), le dice:

IKE: Estás desorientada.

MAGGIE: ¡Desorientada!

IKE: Sí. Estás tan desorientada que ya no sabes cómo te gustan los huevos.

MAGGIE: ¡¿Qué!?

IKE: Con el cura, te gustaban revueltos. Con el roquero te gustaban fritos. Con ese tipo de los bichos, los tomabas escalfados. Y ahora resulta que solamente la clara. A saber mañana.

MAGGIE: A eso se le llama cambiar de opinión.

IKE: No, a eso se le llama no saber lo que uno quiere.

Luego, en un momento crucial de la película, Maggie cocina un montón de huevos de todas las formas posibles para probarlos y decidir por sí misma. Por fin ha llegado al punto en el que quiere explorar su sentido del Ser, incluido lo que le gusta de verdad. Es una escena sencilla pero potente. Demuestra que somos libres y responsables de averiguar quiénes somos, y a veces eso significa replantearnos las cosas desde cero y valernos de nuestra autonomía para identificar, mediante ensayo y error, cómo nos gustan esos huevos cocidos metafóricos, para poder hacerlos y comerlos con verdadero consentimiento interno.

Los pequeños pasos son tan importantes como los grandes saltos, porque, si nuestros actos son dispersos, nuestro sentido del Ser parecerá fragmentado o permanecerá indefinido. Es difícil saber quiénes somos si nuestras conductas son contradictorias, inconexas o incoherentes. Es como entrar en un lugar con luz estroboscópica y solo poder captar atisbos de la escena que se desarrolla mientras caminamos. En ningún momento obtendremos una imagen cohesiva, completa o siquiera exacta del aspecto real del lugar. Así de desorientadores pueden ser nuestros actos, ya sean grandes o pequeños.

Nos encontramos más plenamente con nuestro Yo realizando actividades o experimentando cosas como el amor, el arte, nuestro cuerpo, la belleza, la naturaleza y la comida. Entablamos una relación íntima con nuestro Yo mediante la cercanía o la sensación de unidad que tenemos con la experiencia misma. El Yo (la cercanía o la intimidad con uno mismo) no se consigue aislándose del mundo, sino saboreándolo en un sentido metafórico, existiendo en él.

ES DIFÍCIL SER HUMANO

A los seres humanos no solo se nos asigna la tarea existencial de crear lo que somos, sino que, según Sartre, esta tarea va acompañada del «absurdo de la libertad»[7] para hacerlo.* Si bien podría decirse que la libertad

---

* Sartre consideraba que la existencia era absurda (carente de sentido, valor o significado inherentes). En otras palabras, creía que debíamos arreglárnoslas solos: nosotros somos los encargados de crear nuestro propio sentido del Ser y también el sentido de la vida.

es algo que todos deseamos, debemos ser conscientes de que esta nos exige tomar decisiones constantemente y responsabilizarnos de ellas. **Nuestro grado de libertad siempre coincidirá con nuestro grado de responsabilidad.**

En pocas palabras, cuando somos libres, lo que decidimos hacer (o no hacer) con esa libertad depende de nosotros. Y, por suerte o por desgracia, siempre somos libres.* En palabras de Sartre, «ser libre es estar *condenado* a ser libre».[8] No lo dijo por exagerado: simplemente explicaba que estamos «condenados» porque la libertad no da respiro, lo que significa que no nos dan respiro las cosas que hacemos, decimos o elegimos.

La fatiga cognitiva por la toma de decisiones es muy real, y buscamos descansos sin darnos cuenta. ¿Cuántas veces queremos que otra persona elija dónde vamos a cenar, qué película ver, si debemos terminar una relación, publicar una foto en Instagram, apuntarnos a una clase de cerámica o hacerle frente a nuestro jefe? En muchas ocasiones pedimos a otras personas su opinión antes de siquiera tomarnos el tiempo de formar la nuestra. Sí, está bien pedir consejos, aunque muchas veces no buscamos un punto de vista distinto ni sabias palabras, sino más bien un alivio de la carga que supone tomar decisiones constantemente. ¡Es comprensible! Tomar decisiones es agotador, sobre todo teniendo en cuenta la vasta cantidad de opciones con la que muchos tenemos el inmenso privilegio de contar. Sumado al hecho de que la comprensión de nuestro Yo es pobre o inexistente, puede resultar abrumador discernir qué es lo «correcto». La tarea se convierte en una carga aún mayor cuando nos damos cuenta de la importancia de todas y cada una de las decisiones que tomamos.

A lo largo de los años, he tenido muchas conversaciones como esta con mis clientes:

Yo: Bueno, parece que eres consciente de los cambios que quieres hacer. Pero ¿qué crees que genera la resistencia?

---

* Soy consciente de que esta afirmación puede haber llamado la atención de mucha gente, por lo que procedo a aclararla: lo que propongo es que somos libres dentro de los parámetros de nuestro contexto y de lo que se nos ha hecho. Prometo que desarrollaré esta idea más adelante.

ELLOS: Me dan miedo los cambios.

Yo: Ah, sí, tiene sentido. ¿Por qué te dan tanto miedo los cambios?

ELLOS: Porque... ¿qué pasa si tomo la decisión equivocada y termino mal?

Yo: ¿Estás bien ahora?

ELLOS: No.

Yo: Entonces, ¿qué diferencia hay?

ELLOS: Si hago el cambio y termino mal, estar así será culpa mía. Ahora la culpa es del contexto, la consecuencia de cómo se ha desarrollado mi vida.

Yo: Mmm. A mí me parece que lo que te da miedo es la responsabilidad, no el cambio.

ELLOS: Es que no quiero tener la culpa de mi propia angustia.

Yo: Por desgracia, la inacción (la falta de cambio) también es una decisión. Aunque te quedes exactamente como estás, sigue siendo tu responsabilidad.

La mayoría no queremos asumir la responsabilidad de no tener la vida que queremos o de no ser la persona que nos gustaría ser. Por el contrario: evitamos la responsabilidad renunciando a nuestra libertad. Si podemos culpar a alguien de nuestros actos, decisiones, actitudes o de nuestro pobre sentido del Ser, es probable que lo hagamos (a menos que uno sea muy complaciente y asuma mucha más responsabilidad de la que le corresponde... lo cual, irónicamente, también es una forma de no responsabilizarse de su Yo). Por desgracia, si necesitamos pruebas de que a los seres humanos les gusta eludir responsabilidades, basta con mirar a la sociedad en su conjunto.

Nuestra elusión colectiva de la responsabilidad ha causado y perpetrado cosas como el calentamiento global, la pobreza, el machismo y el racismo, por nombrar solo algunas. Además, aunque resulte difícil de oír, esta falta de responsabilidad ha empañado los debates actuales en torno a la salud mental. No dudamos en etiquetar de «tóxicas» o «narcisistas» a todas las personas con las que no nos llevamos bien, y hemos empezado a abusar del término *trauma* como frase comodín para cualquier dificultad que ahora creemos que justifica alguna conducta irresponsable, lo cual es muy injusto para todos aquellos que han sufrido un trauma real.

Sartre creía que externalizamos nuestra libertad al buscar estructura y dirección en instituciones, familias, círculos sociales o religiones —en cualquier persona o cosa— para que nos digan quiénes somos o quiénes debemos ser. Para Sartre, confiar en una sugerencia o en una estructura externa que nos diga quiénes somos es una forma de autoengaño (o lo que él llamaba «mala fe»).[9] Cuando nos engañamos a nosotros mismos, empezamos a creer que somos X o a tratarnos como si lo fuéramos (lo que sea que nos hayan dicho que seamos o lo que pensemos que necesitamos ser), mientras que, en el fondo, una pequeña parte de nosotros sabe que somos Y.

Puedes rellenar los espacios en blanco por tu cuenta: ¿qué es X y qué es Y para ti?

Para explicar esta idea, Sartre usó la analogía de un camarero francés que se ajustaba a todo lo que un camarero «debía ser», pero, al hacerlo, en realidad parecía «demasiado camarero»; sus movimientos y comportamiento exagerados demostraban que «actuaba» como un camarero. Su actuación lo despojó de quién era. Se convirtió en una cosa, un objeto, no solo por la forma en que lo veían los demás, sino también por la forma en que experimentaba su Yo.[10]

¿Alguna vez sientes que estás actuando o fingiendo ser tu Yo? A veces, cuando intentamos huir del dolor de la nada, acabamos autoinfligiéndonos el dolor que se genera por ser algo que no somos.

Sartre afirmaba que una forma común de «mala fe» es actuar como si no tuviéramos más remedio que ser una cosa: negar la propia libertad de convertir nuestro Yo en algo distinto mediante un cambio en nuestras conductas. Veo esto en la sociedad todo el tiempo, cuando intentamos erradicar nuestra libertad alegando que se nos arrebató debido a un acontecimiento de nuestro pasado. Veamos un ejemplo: todos conocemos a alguna persona, llamémosla Brad, a la que engañaron, le rompieron el corazón en la escuela secundaria o cuyos padres se divorciaron, y que ahora trata de una forma espantosa a toda pareja que tiene en la adultez. Mi pregunta es, considerando la dificultad de su situación, ¿en qué momento el dolor de Brad deja de justificar el daño que está causando? ¿En qué momento Brad tiene que empezar a responsabilizarse de su comportamiento? ¿En qué momento tiene que enfrentarse al hecho de que sus decisiones ya no son una representación de sus heridas pasadas, sino de la persona en quien se ha convertido?

Brad no es el único. La realidad es que muchos no sabemos cómo afrontar nuestra libertad, así que intentamos limitarla o escapar de ella. Por lo general, cedemos ante la sociedad o nos ponemos en posiciones que vienen acompañadas de restricciones y parámetros, lo que nos permite refugiarnos en la tarea de ser la persona que los demás quieren que seamos. A la mayoría nos reconfortan ciertas expectativas, y damos sentido a nuestro esfuerzo por cumplirlas. Este enfoque no puede dar cuenta de todos los contextos o situaciones, pero aun así merece la pena preguntarnos:

> ¿Estamos renunciando a nuestra libertad porque no queremos asumir la responsabilidad de tomar decisiones? ¿Sentimos más comodidad si alguien nos dice quiénes somos que si intentamos descubrirlo por nuestra cuenta?

A ver, lo entiendo. La libertad y la responsabilidad son constantes y pesadas. Es una carga agotadora.

Sin embargo, todos tenemos un breve respiro de nuestra libertad (bueno, más o menos, no tanto, pero, por favor, sigue leyendo). Kierkegaard proponía que el Yo tiene dos polos opuestos: la «necesidad» y la «posibilidad».[11] Las necesidades son determinadas características concretas que no podemos cambiar y con las que debemos lidiar, como la necesidad de comer, nacer, morir o cosas que ya han sucedido: lo que es «dado».[12] El futuro, en cambio, representa la posibilidad. La posibilidad es lo que aún no ha sucedido. Por eso Kierkegaard decía que no podemos mirarnos al espejo y concluir: «Sí, ahí estoy», porque parte de lo que somos se plasma en la posibilidad de todo lo que aún no ha sucedido.[13] Nuestro Yo es una intersección entre la necesidad y la posibilidad; entre el pasado y el futuro; entre lo que somos ahora y lo que seremos más adelante.

La razón por la que los humanos pueden sostener simultáneamente la necesidad y la posibilidad es que tienen una capacidad única para distanciarse de lo que les es «dado» y reconocer el abanico de posibilidades para autodefinirse en el futuro. Tenemos libertad para interpretar y dar sentido a nuestras limitaciones, aunque no podamos escapar de ellas. Por ejemplo, no podemos elegir ser más altos, ni tener un pasado distinto, otros padres biológicos o una etnia diferente, ni tampoco dejar de padecer una enfermedad, pero lo que sí podemos hacer es elegir el sentido que les damos a esas cosas dadas. Sí, puede que nos hayan arrojado al mundo sin nuestro consentimiento, pero ahora nos toca a nosotros decidir qué hacer al respecto. **Somos responsables de cómo nos manejamos todos y cada uno de nuestros días, en cada decisión que tomamos, con la libertad que nos queda.**

Viktor Frankl, psiquiatra austriaco y superviviente del Holocausto conocido por su libro *El hombre en busca de sentido,** afirmó esa idea con las siguientes palabras: [14]

A un hombre se le puede arrebatar todo menos una cosa: la última de las libertades humanas, la capacidad de elegir su actitud en cualquier circunstancia, de elegir su propio camino.

Podría decirse que Frankl no gozó de ninguna libertad básica mientras fue prisionero en los campos de concentración nazis durante la Segunda Guerra Mundial. No podía decidir cuándo levantarse ni acostarse, qué comer ni qué vestir, dónde vivir ni dónde trabajar. No podía aprender otro idioma, ir al médico ni abrazar a su familia. No era libre de salir de los parámetros del campo de concentración ni de decidir si viviría o moriría. Fue despojado de su última libertad humana: la elección de crear sentido. Tal reconocimiento ya de por sí es impresionante, pero lo que

---

* Es importante señalar que la obra de Frankl va más allá de este libro. Desarrolló una modalidad psicoterapéutica, la logoterapia, que se continúa practicando en la actualidad. Si bien las experiencias espantosas e inimaginables que vivió son muy diferentes de los sufrimientos y las dificultades que atraviesan la mayoría de las personas en el mundo actual, sus enseñanzas apuntaban a una amplia gama de contextos y desafíos, y exceden el hecho de lidiar únicamente con el sufrimiento extremo.

impresiona más aún es que él «usó» su libertad. La usó para elegir su actitud, para elegir su sentido y para elegir cómo abordaría su limitada existencia.

Entonces, ¿qué excusa tenemos nosotros?

Recordemos que la libertad no es la falta de restricciones; la libertad es tener cierta relación con lo que nos es «dado». Como dijo Sartre: «La libertad es lo que haces con lo que te han hecho».[15] Y Frankl resumió perfectamente esta relación: «No se trata de liberarse de los condicionantes, sino de ser libres de adoptar una posición frente a ellos».[16] Su postura es tan firme como la de Sartre: no dice que estemos condenados, sino que el ser humano es siempre libre (aunque la libertad cambie según las circunstancias).

Martin Heidegger, filósofo alemán considerado uno de los filósofos más importantes del siglo xx, también sugirió que el Ser (lo que él llamaba *Dasein*, que se traduce como «estar aquí» o «ser aquí») es una dinámica entre lo que somos en este preciso momento y lo que podemos ser y seremos con el paso del tiempo.[17] Estamos constantemente entre lo que ha sucedido y lo que aún no ha ocurrido, y todas las demás posibilidades que quedan. Se podría decir que «somos» todo lo que ha pasado y todo lo que pasará. Es liberador saber que siempre hay algo más que vamos a llegar a ser. Mientras estemos vivos, nunca dejaremos el proceso de llegar a ser; nunca dejaremos de tener la capacidad de crear nuestro Yo. En verdad nos ayuda a ver lo que nos es «dado» desde una perspectiva provechosa. Nuestro pasado, por doloroso que sea, nunca podrá definirnos del todo, porque no tiene en cuenta nuestro futuro... a menos que se lo permitamos.

Vivir distintas situaciones (incluso las difíciles o dolorosas) e interactuar con el mundo es lo que, en definitiva, nos hace ser... bueno, nosotros. Nuestra presencia en el mundo, que incluye a los demás, es la forma en que solidificamos la concepción de quiénes somos. Nuestro cuerpo, nuestra cultura, nuestra historia y nuestro contexto no solo conforman lo que somos, sino que «son» lo que somos. Soy yo debido a estos elementos, no a pesar de ellos. Soy una persona única: mi esencia es una interseccionalidad exclusivamente mía (en este momento).

Por eso Heidegger sugirió que para existir como nuestro Ser necesitamos algo llamado «estar-en-el-mundo». La traducción literal del alemán *In-der-Welt-sein* es «estar-en-el-mundo» (similar a su palabra para designar el Ser, *Dasein*, lo que pone de manifiesto que existir y ser nuestro Ser no pueden darse independientemente el uno del otro). Con esa lógica, corresponde pensar que, si perdemos nuestro Ser, «dejamos de estar aquí», dejamos de existir.

No es de extrañar que la pérdida de nuestro Ser sea atroz... como la muerte.

EL PROBLEMA DE LA INAUTENTICIDAD

Muchos desperdiciamos nuestra vida sin saber nunca quiénes somos. Todo el tiempo hablamos o actuamos en nombre de nuestro Yo, pero la mayoría no lo conocemos lo suficiente para hacer eso. Nos esforzamos por alcanzar esa sensación ilusoria de «autenticidad» que se ha comercializado últimamente, pero no sabemos bien qué significa.

Si imaginamos la vida como un movimiento hacia delante que no podemos detener, entonces, la autenticidad y la falta de ella son el mismo movimiento hacia delante pero en distintas direcciones. No existe un camino neutral, ni un punto intermedio, ni una forma de ir en ambas direcciones. Cuando no elegimos, no asumimos la responsabilidad o no hacemos uso de nuestra libertad. Seguimos creando una versión de nuestro Yo, pero es una versión poco auténtica. La inautenticidad ocurre cuando las decisiones que tomamos y las acciones que emprendemos no son realmente nuestras y no expresan de forma genuina quién entendemos que es nuestro Yo. La persona inauténtica, según Heidegger, no es autora de su propia vida; se convierte en alguien que no se reconoce como propio.[18] Un comportamiento inauténtico puede consistir en salir a pesar de querer quedarnos en casa, en secundar la opinión de alguien aunque no estemos de acuerdo o en elegir un trabajo por las expectativas de nuestros padres y no por lo que creemos que es nuestro propósito. Cuando no reconocemos nuestros actos como propios, no nos reconocemos a nosotros mismos.

Sin embargo, la inautenticidad y la pérdida del propio Ser no son lo mismo. Vivir de forma inauténtica es como bucear en aguas profundas: nos alejamos conscientemente de la superficie, pero sabiendo dónde está. La pérdida del propio Ser, en cambio, es como si cayéramos en las garras de una fuerte corriente submarina, supiéramos que debemos nadar pero no tuviéramos idea de hacia dónde. Ya no sabemos dónde está la superficie, y si nadamos sin rumbo podemos acercarnos a la muerte o alejarnos de ella. El «grado» de incongruencia, desconexión y desorientación que se produce en la pérdida del propio Ser es clave para distinguirla de la inautenticidad. La inautenticidad puede ocurrir cuando no estamos prestando atención, no estamos siendo considerados, estamos distraídos u otras personas influyen en nosotros para alejarnos de nuestro Yo. Ocurre cuando no damos a nuestro Yo el espacio adecuado para manifestarse, pero seguimos en contacto con él. (Por otro lado, la pérdida del propio Ser se produce cuando esta falta de espacio y contacto se convierte en un estado permanente de existencia).

Muchos de mis clientes que piensan que ya no saben quiénes son dicen sentir desesperación. ¿La buena (o mala) noticia? No son los únicos: todos nos desesperamos en mayor o menor medida cuando intentamos enfrentarnos a nuestro Yo y a nuestra vida.[19] Podemos sentir desesperación porque no sabemos quiénes somos (pero queremos saberlo) o porque no nos gusta lo que vemos (y no queremos ser esa persona).

La mayoría nos desesperamos por averiguar quiénes somos o por huir de la persona inauténtica que hemos reconocido en nosotros. En cualquier caso, estamos desesperados. Todos, o casi todos, estamos en la búsqueda de una respuesta que «resolverá» el misterio del Yo.

La decepcionante realidad es que la única respuesta concreta que podemos obtener sobre quiénes somos se encuentra en nuestros actos. Cada día tenemos que mostrarnos a nosotros mismos nuestro auténtico Yo, y eso lo logramos estando en el mundo. Cómo elegimos existir depende de nosotros, pero Sartre dijo que lo mejor que podemos hacer con nuestra vida es vivir con autenticidad. Y para él, la autenticidad significaba **aceptar todo el peso de nuestra libertad** (sí, sí, ¡seguro que ya lo has entendido!).

LA TAREA DE LA AUTENTICIDAD

Para resumir lo explicado hasta aquí, el Yo tiene tres ingredientes clave: libertad, elección y responsabilidad. **Creamos nuestro sentido del Ser con las elecciones que hacemos, el sentido de la responsabilidad con el que afrontamos nuestra existencia y la forma en que utilizamos nuestra libertad a pesar de las limitaciones.**

Me ha llevado tiempo llegar a un punto en el que esta premisa me parezca empoderadora. Se trata de una perspectiva dura e incómoda, y antes me provocaba reacciones muy intensas. Es como la sensación que tenemos la primera vez que la gente nos trata como una persona adulta. Cuando alguien tiene la osadía de decirnos que tomemos nuestras propias decisiones o asumamos la responsabilidad de nuestros errores. «¿Cómo se atreven? —recuerdo haber pensado—. ¿Qué? ¿Se supone que ahora debo ser adulta, yo sola? ¡No se me debería permitir estar a cargo de mí misma!»

La cereza de este pastel existencial de tres capas (que supongo que en este momento tendrá un sabor bastante denso) es que, si bien la libertad siempre está presentándonos opciones, «nadie» puede decirnos qué hacer con ella. Sea lo que sea que decidamos hacer o no, los responsables somos «nosotros».

Veamos un ejemplo que dio Sartre:[20] un hombre acudió a él para que lo ayudara a tomar una decisión. Tenía que elegir entre ir a combatir en la guerra en la que creía (aunque probablemente cumpliría una función pequeña) o quedarse a cuidar de su anciana madre, que estaba sola (y ser una parte importante de una causa pequeña). Sartre afirmó que nadie podía ayudarlo a encontrar la respuesta «correcta» porque no hay respuesta correcta hasta que el hombre elige una. La respuesta correcta es una respuesta auténtica, y nadie podía indicarle cuál era la decisión auténtica de verdad. Por lo tanto, su elección, sin importar cuál fuera, sería la única verdadera.

Autenticidad es la palabra de moda en la cultura moderna. Lo cual es fantástico, salvo que, en algún momento, mientras se ponía de moda, hemos conseguido despojarla de su contundencia y sentido. La palabra *auténtico* se ha usado en exceso, se ha diluido en un esfuerzo por hacerla más accesible. Para evitar confusiones más adelante, veamos qué quiero decir con «autenticidad».

Decir que algo es auténtico es decir que algo es lo que profesa ser o lo que cree que es, o que representa lo que realmente es. Pero no podemos hablar de autenticidad humana sin hablar del Ser. ¿Ser auténtico significa manifestar el propio Ser? ¿Significa estar en armonía con el propio Ser? ¿O significa representar el propio Ser?

En el marco del análisis existencial, entiendo la autenticidad como el acto de encontrar la paz y un centro dentro de nosotros mismos. La autenticidad es un espacio en el que se terminan nuestras dudas y nos sentimos centrados, como si hubiéramos llegado a la profundidad de nuestro interior (resonancia interna). Es el sentimiento profundo e intuitivo (el sentido) de lo correcto de nuestro ser (*Dasein*). Es cuando por fin podemos decir «sí» a quienes somos (ofrecer el consentimiento interno en cualquier momento dado). La esencia de quienes somos solo puede llegar a través de la sintonización, y la sintonización solo es posible a través del conocimiento íntimo. Así como no podemos conocer el mensaje de una canción si no escuchamos la letra, solo podemos conocer nuestro Yo prestando atención. Así que ponte en sintonía. Prueba todos los tipos de huevos.

La autenticidad consiste en tener un sentido del Ser que dice: «Esta persona soy yo, en este momento, y así es como quiero ser».

Hoy en día, la gente suele usar la autenticidad como chivo expiatorio. Cuando el acto de una persona va seguido de una declaración del tipo «solo estoy siendo auténtico», por lo general está buscando escapar de la responsabilidad de algo que acaba de decir o hacer. Pero es un mal uso de la palabra, porque **mostrarse con autenticidad es ser responsable de las decisiones de uno y responder por ellas.** Sin embargo, muchas veces huimos de esta idea, porque cuando una situación nos ha lastimado, cuando las cosas son difíciles o injustas, queremos creer que se nos ha absuelto de nuestra responsabilidad por cómo nos mostramos en el mundo. Por lo general, ocurre cuando hacemos un mal uso de nuestra libertad y ponemos en peligro nuestra autenticidad.

El concepto común de «autenticidad» proviene principalmente del libro *Ser y tiempo* publicado en 1927 por Heidegger, quien acuñó una nueva palabra, *Eigentlichkeit*. La traducción literal de esta palabra del alemán es «propiedad»;[21] y, puesto que somos libres y responsables, la autenticidad podría entenderse como ser dueños de lo que hacemos y de lo que somos en cada intersección única de la existencia (en cada momento). Es lo que nos hace irremplazables, irreductibles, irrepetibles. Según Sartre:[22]

> No cabe duda de que podría haber obrado de otro modo, pero ese no es el problema. Debería formularse así: ¿podría yo haber obrado de otro modo sin modificar perceptiblemente la totalidad orgánica de los proyectos que conforman lo que soy?

Todo acto modifica la totalidad de lo que somos. En otras palabras, cuando cambiamos nuestros actos, cambiamos nuestro sentido del Ser.

Hace poco, conversaba sobre la pérdida del propio Ser (¡qué divertido!) mientras tomaba un café con una de mis queridas amistades y esta me preguntó: «Si algunas personas pierden el sentido del Ser y otras nunca lo han tenido, ¿significa esto que algunas deben "restablecer" su Ser?». Era una pregunta que invitaba a la reflexión. La medité durante un minuto y luego respondí: «No. Todo el mundo establece un sentido del Ser, de forma constante. En cada momento, tu Ser cambia de forma perpetua, está todo el tiempo en el proceso de llegar a ser, por lo que no puede restablecerse».

Averiguar «quién soy» requiere una actitud que me permita comprender que soy, en esencia, «insondable».* En pocas palabras, significa que la persona que somos seguirá cambiando y evolucionando.

¿Sabes qué es lo bonito (y posiblemente frustrante) de ser humanos? Que somos imposibles de definir.

Nuestra esencia final siempre está «delante» de nosotros y nunca llegaremos a serla del todo. La gente suele sentirse abrumada por esto. La mayoría esperamos embarcarnos en un «viaje» de descubrimiento

---

* Me encanta usar esta palabra, *insondable*, para describir nuestra esencia humana. Nos genera humildad y esperanza a la vez… al menos así me sentí yo la primera vez que oí esta descripción durante mi formación en análisis existencial.

una sola vez, en lugar de pasar toda una vida de responsabilidad. Sin embargo, el Yo no es un premio ni una mera posesión. No tenemos el privilegio de contemplar nuestro Yo y preservar su belleza, plenitud e integridad independientemente de cómo vivamos nuestra vida. La forma en que vivimos nos cambia.

A pesar de todos estos cambios, veo al Yo como algo constante. Esto se debe a que entiendo la constancia como nuestra capacidad de mostrarnos en consonancia con aquello en lo que creemos y con cómo vemos nuestro Yo una y otra vez. Esta creencia me da seguridad. También encuentro seguridad y fuerza en la flexibilidad, el movimiento y la maleabilidad del Yo.

Piénsalo así: es posible quebrar una roca, pero es imposible romper el agua. La idea que mucha gente tiene del Yo es como la de una roca: algo que debe formarse y «fijarse», inamovible. Sin embargo, el Yo se parece más al agua: fluye, cambia, avanza lidiando con lo que encuentra a su paso. Tu fluidez es tu poder, no tu debilidad.

Te propongo un reto: escoge un día de esta semana y, durante todo el día, compórtate de una manera que se ajuste a cómo comprendes tu Yo. Afronta el día como si cada pequeña (o gran) decisión y cada acto fueran importantes (qué café vas a pedir, cómo será tu postura corporal, qué palabras vas a pronunciar, qué tipo de huevos vas a comer). Llena todos y cada uno de los momentos con intención y fíjate siempre en cómo estás. Presta atención al sentimiento de resonancia que se dará cuando estés en sintonía, congruente, en paz… cuando te sientas bien y «en casa» dentro de ti. Recuerda que, si serte fiel es algo nuevo para ti, puede que al principio te resulte raro, incómodo o extraño. Acepta la incomodidad de probar algo diferente y dale tiempo.

EL ACTO DE LLEGAR A SER

Debo reconocer que mi propia concepción de lo que significa ser humano está muy influida por mi profesor Alfried Längle, psicoterapeuta, psiquiatra, psicólogo, fundador y expresidente de la Sociedad Internacional de Logoterapia y Análisis Existencial y exvicepresidente de la Federación Internacional de Psicoterapia (la institución más antigua de su tipo). Längle fue discípulo de Viktor Frankl* y colaboró estrechamente con él. Y ¿sabías que Frankl conoció a Martin Heidegger? Poder ser partícipe de este linaje al haber tenido a Längle, no solo como supervisor de mi tesis doctoral sino como mentor, ha sido uno de los mayores honores de mi vida. Sus enseñanzas fueron mi trampolín hacia la filosofía existencial y la psicoterapia, y en buena medida han sentado las bases de este libro y de cómo entiendo lo que significa habitar el propio Ser, así como lo que significa estar perdido. Verás que menciono mucho, pero mucho, a Längle a lo largo del libro, ¡y eso es porque este libro no existiría sin él!

Tampoco debería ser ninguna sorpresa que su teoría del análisis existencial haya inspirado mi primer tatuaje, que me hice durante uno de los peores momentos de mi vida (justo antes del ataque de pánico). El tatuaje es sencillo, una sola palabra: *Être*. Es el verbo francés *ser*. En aquel momento, quería recordarme a mí misma que debía «existir» —cambiar, elegir, transformar, trascender, habitar mi propio Ser en cada momento— en lugar de limitarme a sobrevivir. Quería marcar mi cuerpo con algo que representara la intersección de mi pasado y mi futuro, que aún no sabía cómo afrontar. Quería darme permiso para habitar mi propio Ser. Quería recordar que cada momento y cada decisión me permiten moldear lo que soy. Quería todo eso, incluso en medio de lo más profundo de mi pérdida.

Supongo que quería algo que nunca tuve: mi Yo. Hoy, el arte de «ser» y «llegar a ser» ocupa un lugar más central en mi forma de vivir la vida. Es mi ancla, mi orientación y, me atrevería a decir, mi filosofía de vida.

Cómo entendemos la vida es cómo la vivimos. Cómo entendemos el Yo es cómo «lo somos» y «llegamos a serlo». Así pues, estas son algunas preguntas que pueden ayudarte a iniciar el proceso de comprender la relación con tu Yo.

¿Buscas una esencia que crees que te ha sido dada por otra persona (un norte que debes seguir) o crees que depende de ti

---

* Con el tiempo, ambos divergieron en lo teórico debido al nuevo desarrollo de Längle en el campo del análisis existencial.

moldear, dar forma y crear tu esencia con tus elecciones? ¿Eres detective o artista? ¿Tu lugar está en la arqueología o la arquitectura?

Yo

- ¿Cuál es tu definición del Yo?
- ¿Cómo describirías a tu Yo en cincuenta palabras? (¡Sí, cincuenta!).
- ¿Cómo defines la autenticidad?
- ¿Qué «cosas dadas» y posibilidades ves en tu vida?

RESPONSABILIDAD

- ¿Qué te han enseñado sobre la responsabilidad?
- ¿Cómo defines la responsabilidad?
- ¿De qué te sientes responsable?
- ¿De qué «no» te sientes responsable?
- ¿Te responsabilizas de tu versión actual? ¿Por qué?
- ¿Crees que la responsabilidad de lo que eres debe compartirse con otras personas? En caso afirmativo, ¿con quién?

DECISIONES

- ¿Qué te han enseñado sobre la toma de decisiones?
- ¿Qué decisiones estás evitando tomar en tu vida ahora mismo?
- ¿Qué decisiones te resultan más difíciles de tomar?
- ¿Qué es lo que más te asusta de tomar una decisión?
- ¿Qué has estado eligiendo, pero quieres dejar de elegir?

LIBERTAD

- ¿Qué te han enseñado sobre la libertad?
- ¿Cómo defines la libertad?
- ¿Te sientes libre para habitar tu Ser?
- ¿Qué crees que limita tu libertad?
- ¿Sientes ansiedad por ser libre?
- ¿Sobre qué cosas tienes libertad?

Existen muchas citas sobre confiar en que estás en el preciso lugar donde necesitas estar y que eres la persona que necesitas ser. Sin embargo, aunque es lindo leerlas, no suelen representar nuestra realidad. Puede que no estés donde quieres estar ni seas la persona que quieras ser.

Si siguieras viviendo tu vida tal y como eres en este preciso momento, ¿sería suficiente? Cuando estés en tu lecho de muerte, ¿podrás pensar que la tuya ha sido una vida bien vivida?

Con esto no quiero decir que debas ver tu sentido del Ser como un examen que puede aprobarse o no, sino que debes aceptarlo como el cometido de tu vida. Tu Yo es tu obra maestra definitiva.

RESUMEN DE TÉRMINOS

Para consolidar algunas de las ideas complejas que hemos comentado, incluyo a continuación un pequeño glosario existencial:*

1. Autenticidad: la autenticidad no es tu naturaleza dada o pre-concebida (aunque suene maravilloso); más bien, la autenticidad es el proceso de «decidir y crear» quién eres. Es existir en coherencia con tus actos, sentimientos e ideas. «Revelamos» quiénes somos, pero lo revelamos «creando» a la persona en quien nos convertimos. La autenticidad es una forma de existir a la que se llega aceptando la carga de la responsabilidad, la elección y la libertad. La autenticidad requiere participación.
2. Libertad: la libertad es la capacidad de tomar decisiones. Podemos decir «sí» o, si queremos, podemos decir «no». Tenemos el poder de elegir, más allá de la fuerza o la dependencia. Es cierto que este puede ser un concepto sobrecogedor para muchos, pero mi postura sigue siendo la misma: siempre tenemos libertad de elección. En la mayoría de los contextos somos libres de actuar y, en algunas circunstancias extremas y opresivas, solo nos queda la libertad de crear sentido.

---

* Este glosario se basa en la teoría del análisis existencial, con mis propios retoques e interpretaciones.

3. Responsabilidad: la responsabilidad es hacerte cargo de tus decisiones y actos. Tú tienes la autoría de tu vida. Tu existencia siempre regresa a ti. Todo lo que eres está conectado a un mundo que constantemente te pide que interactúes con él. Se te pide que respondas, por eso eres responsable.

4. Sentido: buscar sentido es ver y comprender para qué está algo aquí o para qué estás tú aquí. Es encontrar el propósito y el valor de tus experiencias. En lugar de preguntarte: «¿Qué debo pedirle a la vida?», redirecciona tu centro preguntándote: «¿Qué me pide la vida a mí?».

LA DURA VERDAD

Siempre eres libre, lo que significa que siempre eres responsable.

RECUERDA

Lo que eres evolucionará y cambiará; permítelo.

3. ¿Qué me pide la vida?

Uno de mis profesores preferidos de la licenciatura comenzó la clase de filosofía moral contando una historia. Explicó que, durante los últimos veinte años, el examen final de la asignatura había consistido en una pregunta de solo dos palabras: «¿Por qué?». El tiempo que daba a sus estudiantes para completar los exámenes era de gran extensión: de tres a ocho horas (repartía cuadernos en blanco porque la mayoría iba a necesitar ese espacio para responder la pregunta). Era común que los estudiantes llevaran bocadillos, botellas de agua y varios bolígrafos. El profesor rara vez ponía sobresalientes y nunca calificaba con una nota más alta que esa (creía que siempre se podía mejorar). Bueno, eso fue hasta que una persona por fin acertó.

Para sorpresa de todos, el profesor explicó que, el año anterior, alguien había hecho el examen en cinco minutos. Se acercó a su mesa, le entregó su cuaderno y salió del aula. El profesor se quedó perplejo. Vio la primera página del cuaderno y encontró la respuesta de tres palabras:

«¿Por qué no?».

La mayoría queremos una respuesta concreta a por qué estamos vivos, por qué merece la pena vivir y por qué debemos molestarnos o no en habitar nuestro Ser. Este valiente joven existencialista en ciernes desafió la premisa de que hubiera una respuesta correcta o incorrecta (o que directamente hubiera una respuesta). En cambio, se inclinó hacia la inmensidad de la posibilidad.

El sentido es quizás el tema en el que más divergen los filósofos y terapeutas existenciales. Cuando le cuento a la gente que soy terapeuta existencial, es común que entiendan las dos palabras por separado pero les cueste unirlas. ¿Cómo podría alguien que supuestamente cree en el sinsentido y el absurdo de la vida ayudar a otros a dar sentido a la suya?

En las primeras sesiones, la mayoría de mis clientes que se sienten perdidos quieren que les explique en detalle «cómo» van a descubrir quiénes son, como si la terapia pudiera meter todas las respuestas en una caja y entregárselas envueltas para regalo (¡cómo me gustaría!). Quieren «saber» cuáles son los pasos concretos, quieren que se les dé un mapa detallado que les muestre cómo será el proceso de habitar su propio Ser. Es común que las personas se sientan seguras y esperanzadas cuando las cosas tienen una estructura y se pueden predecir con facilidad, lo entiendo. Pero, cuando una persona elige trabajar conmigo, acabamos centrándonos en el «porqué» tanto como en el «cómo» de la ecuación, porque el porqué terminará dictando el cómo. Como dijo Nietzsche: «Cuando tenemos el porqué de la vida podemos tolerar casi todo cómo».[23] Determinar «por qué» quieres vivir te ayudará a saber «cómo» quieres vivir, lo que a su vez dará forma a «quien eres». El sentido no es solo la cereza del pastel, es la masa.

No es casualidad que el existencialismo surgiera después de la Segunda Guerra Mundial, cuando la vida y las atrocidades del Holocausto pusieron en tela de juicio la idea generalizada de que el mundo era un lugar ordenado y con sentido. Sin embargo, el sentido es lo que mantuvo vivo a Frankl, y por eso él propuso que la búsqueda de sentido es nuestra principal fuerza motivadora en la vida, más que el placer o el poder.[24]

Längle considera que el sentido es una de las cuatro motivaciones fundamentales necesarias para vivir una vida plena «de verdad»[25] (así que ¡es muy importante!).

Tómate un momento para reflexionar sobre las siguientes preguntas. ¿Puedes responder «sí» sin ningún reparo, es decir, dar tu consentimiento interno, a las cuatro preguntas?

1. Estoy aquí, pero ¿puedo «ser» de verdad? ¿Puedo existir?
   ¿Tengo acceso a condiciones y contextos que me ofrecen seguridad, apoyo, espacio y protección? ¿Confío en mí y en el mundo que me

rodea? ¿Tengo cubiertas las necesidades humanas básicas que me permiten vivir? ¿Puedo aceptar mis condiciones?

2. Vivo, pero ¿me gusta vivir?*

¿Fomenta mi forma de vida una conexión con mis valores y con la gente que me rodea? ¿Me gusta estar vivo? ¿Puedo conectar con lo que siento y con los que me rodean? ¿Me conmueve la vida?

3. ¿Puedo ser yo?

¿Siento que tengo derecho a ser quien soy? ¿Tengo permiso (de mi Yo y de los demás) y espacio para ser y expresarme?

4. ¿Tengo sentido en la vida?

¿Cuál es mi dirección y mi propósito en la vida? ¿Puedo identificar por qué vivo y cómo quiero existir mientras viva?

Como habrás notado, la última condición que se enumera, aunque podría decirse que es la primera que se propone, es el «sentido». Sin sentido, **nuestra existencia no será plena.** Sin abordar el «porqué», simplemente no podemos existir con plenitud.

Detengámonos un momento en lo que entiendo por existencia:

- Existir es estar aquí y ahora, estar presente, con vida y creatividad.
- Existir es estar comprometido con la vida.
- La existencia es experimentarlo todo (la alegría y el sufrimiento por igual).
- La existencia es una postura que dice: «Tengo una actitud abierta a lo que hay».
- La existencia es nuestra puesta en práctica de la voluntad.
- La existencia es vivir con consentimiento interno.
- La existencia es acción.
- La existencia es un regalo y un cometido. La existencia es una elección.

---

* Si bien Frankl consiguió encontrar sentido incluso en los campos de concentración, nadie diría que tuvo una existencia «totalmente» plena. No creo que él hubiera podido responder siempre «sí» a esta pregunta.

- La existencia es salir y superar nuestras condiciones.
- La existencia es nuestra libertad de «ser o no ser» (¿y acaso no es esa la cuestión?).*

En definitiva, existir significa crear algo a partir del propio Ser. Y se podría argumentar que existir de verdad es lo que da sentido a la vida. El sentido es **nuestra participación en la vida y nuestra orientación hacia ella.** Si no participamos en la vida y no tenemos una dirección clara de hacia dónde vamos, nuestra vida se reduce a las funciones básicas de respirar y tener un corazón que late (y es extremadamente difícil encontrar sentido en ese estado).

EL SENTIDO Y EL TIEMPO

Nuestro tiempo en la Tierra es limitado, y este simple hecho es una amenaza para nuestro Yo. Puede generarnos ansiedad pensar en la realidad de que tenemos los minutos contados respecto de nuestra capacidad de existir y hacer que nuestra vida tenga algún sentido. Esta sensación es normal. El sentido surge del tiempo, pero no está limitado por él. Los actos con sentido ocurren cuando participamos en la vida siendo plenamente conscientes de su finitud. Aunque el tiempo trae consigo la conciencia de la muerte, también nos motiva a reconocer cada momento único, apropiarnos de él y hacer que cuente («solo se vive una vez», por así decirlo). Y, por supuesto, también sucede lo contrario: una cantidad infinita de tiempo puede generar autocomplacencia y falta de sentido.

La única forma que tiene el ser humano de enfrentarse a la vida sin desesperarse es vivirla con sentido.

Siempre me fascina cuando les pregunto a mis amigos cómo cambiarían su vida si supieran que solo les quedan tres meses de vida (sí, soy de esas amigas divertidas que hacen ese tipo de preguntas en las cenas). La vida que suelen describir es muy diferente de la que tienen, y lo mismo

---

* Lista basada en material de formación sobre análisis existencial.

ocurre con el Yo. Se trata de una existencia que preferirían tener y que les parecería lo bastante digna o significativa como para ocupar su preciado tiempo (un Yo que pasa más tiempo con la familia, viajando, haciendo paracaidismo, viviendo en una camioneta mientras recorre todo el país, apuntándose a un programa de posgrado, haciendo voluntariado, etc.). Pero ¿por qué no se ocupan «ahora» de conseguir vivir esa versión de la vida? ¿Por qué se considera más importante evitar el riesgo y el esfuerzo —ir sobre seguro, por así decirlo—que vivir una vida plena y estimulante? ¿Por qué se resisten a esa versión de su Yo solo porque creen que tienen todo el tiempo del mundo? A ver, lo entiendo, por supuesto. Todavía me cuesta no terminar haciendo lo mismo. Pero he descubierto que quiero vivir una vida, y también ser una persona, que signifique algo para mí. Y ahora intento, cada día, avanzar en esa dirección. No siempre es fácil, ni tampoco agradable, vivir así: estar en sintonía (todo el bendito tiempo) o tomar decisiones que respeten lo que soy, estar despierta en lugar de ser una sonámbula sin saberlo. Pero siempre he sentido que vivir así tiene valor. Siempre lo he sentido genuino. Y en ello hay una belleza infinita y una profunda satisfacción.

Siempre que pierdo la sensación de que el tiempo es finito, noto que también se pierde mi sentido del significado. Muchas de mis relaciones han sido a distancia, y he descubierto que cuando mi pareja y yo estamos juntos, cuanto más se acerca el momento de la separación, más buenos y atentos nos volvemos el uno con el otro. Saber que nuestro tiempo juntos tiene que terminar nos ayuda a hacer más deliberados y especiales los días que nos quedan. Cuando empezamos a dar por sentado el tiempo, nos damos por sentado el uno al otro.

Así que, en lugar de sentirme aplastada por el tiempo, he aprendido a usarlo.

¿DE DÓNDE VIENE EL SENTIDO?

Entonces, ¿cómo desciframos nuestro sentido? Muchos abordan la cuestión preguntándose: «¿Cuál es el sentido de la vida?». Pero este interrogante no tiene respuesta, es vago y abstracto, y nos deja atascados. Frankl lo comparó con preguntarle a un campeón de ajedrez: «Dígame, maestro, ¿cuál es la mejor jugada del mundo?».[26] No hay una «mejor jugada», porque las circunstancias son diferentes en cada partida y para cada persona. Un terapeuta existencial no podría decirle a alguien cuál es el «sentido de la vida», como tampoco un maestro de ajedrez podría decir cuál es la «mejor jugada».

En la mayoría de los relatos que escucho, la idea de «encontrar sentido» lleva implícita la suposición de que es algo que hacemos «una vez» y que proviene de algo mucho «más grande que nosotros» (traducción: está fuera de nuestro control). Encontramos el sentido solo porque nos lo han «dado» para que lo encontremos. Esto suele coincidir con el concepto de que el universo, un poder superior o una fuerza vital de energía ofrece un sentido que se nos pide que aceptemos. Sé que suena idílico, pero ¿qué ocurre cuando lo que nos han enseñado o nos han «dado» no coincide con lo que entendemos que es nuestro Yo? Por ejemplo, ¿qué pasa si eres gay pero te han dicho que el sentido viene del matrimonio entre un hombre y una mujer, o si sabes que no quieres tener hijos pero te han dicho que nunca conocerás la felicidad hasta que procrees?

La cuestión es que no puedo decirte de dónde debes (o no debes) obtener tu sentido, pero sí puedo ofrecerte otra forma de verlo: ¿qué tal si somos responsables de «crear» (viviendo) nuestro sentido en lugar de limitarnos a «encontrarlo»?

¿Y si el sentido se puede encontrar en el acto de crearlo, en consonancia con tu propia vida y con lo que resuena en ti? Este principio existencial puede aplicarse incluso a las personas que practican una religión. Por ejemplo, ser cristiano no solo tiene que ver con la fe interna de una persona, sino también con la «forma» en que vive su vida. Para abrazar cualquier sentido hay que vivirlo. Sin embargo, debemos tener en cuenta que lo que guarda sentido no son solo los «actos». Es común confundir el sentido con la productividad (que no siempre van de la mano, lo aseguro). La sociedad actual nos ha hecho pensar que si no somos «productivos», estamos perdiendo el tiempo, no somos valiosos. Pero creo que todos sabemos que es posible tener «éxito» o estar «ocupados» sin tener ningún sentido del significado. Si nuestros actos no tienen valor, consentimiento interno, intención activa o sintonía, el resultado en sí no tiene sentido: no aporta nada. Y si nos centramos únicamente en nuestra productividad personal, nuestros planes y nuestras listas de tareas pendientes, estamos devaluando el mundo, porque se ha convertido en una mera herramienta para vivir nuestros deseos. Por otro lado, si nos centramos únicamente en el mundo y no en nuestro Yo, perdemos nuestro Yo. Y si perdemos nuestro Yo, nuestra existencia carece de sentido, por supuesto.

¿Esto suena un poco sombrío? Prometo que a la larga no lo es, pero debo insistir en que se trata de un delicado acto de equilibrio. Tal vez una forma más accesible de ver el sentido sea reconocer que cada uno de nosotros tiene una misión específica que nos toca llevar a cabo. La tarea de cada uno es distinta en función de sus oportunidades y su contexto. El sentido será diferente para cada persona y puede variar de un día para otro o de un momento a otro. En su libro, Frankl escribe: «Por lo tanto, lo que importa no es el sentido de la vida en general, sino el sentido concreto de la vida de una persona en un momento dado».[27] Sencillamente, tenemos que reconocer el sentido de todo lo que hacemos. El sentido apela a cada acto, a lo que estamos haciendo ahora mismo (por ejemplo, dibujar con tu hija, hacer la cena, leer este libro, hablar con tus amigos, enviar un mensaje de texto o un correo electrónico). Y los actos crean quién es el Yo en todo momento.

Esto es lo que quiero decir: **las decisiones pequeñas y significativas revelan mejor quiénes somos que las grandes preguntas existenciales.**

¿Recuerdas cuál fue la última vez que sentiste un momento perfecto y significativo? Para mí, fue estar echada sobre la arena bajo las estrellas en el Uadi Rum (el desierto rojo de Jordania). La temperatura era ideal, la arena que sostenía mi cuerpo era blanda y el cielo estaba lleno de una inmensidad y majestuosidad incuantificables, iluminado por las estrellas. De repente, sentí que mi vida era pequeña en comparación con la inmensidad que me rodeaba, pero seguía siendo importante; comprendí que yo formaba parte del gran tapiz de la existencia. Reconocí que soy una parte valiosa de una imagen que ni siquiera puedo ver del todo: una imagen mucho, mucho más grande que yo.

Si te parece que has perdido el sentido por el camino, quizás te sea de ayuda pensar en la última vez que experimentaste esa sensación.

¿Pasó mientras te reías con tus amistades? ¿Mientras contemplabas el mar? ¿Mientras le cantabas una canción de cuna a tu bebé? Es importante tener curiosidad por saber qué sentimientos te generan los distintos aspectos de tu vida. Es fácil confundir nuestra falta de sentido en un aspecto con la forma en que percibimos la vida en su conjunto, pero tratemos de no hacerlo. Podemos sentirnos insatisfechos en nuestro trabajo, pero seguir teniendo una vida plena. Sin embargo, si lo permitimos, nuestro descontento puede llegar a consumirlo todo. Si sufres de una falta de sentido, quizás sea porque estás orientando tu vida en la dirección equivocada. Nuestro sentido de la vida puede cambiar, pero nunca deja de «ser».

Por eso, en lugar de preguntarnos «¿Qué sentido puede ofrecerme la vida?», reformulemos la pregunta de esta manera: «¿Qué me pide la vida?».* Así, podemos «elegir» cómo responder. El sentido es un «acto de devoción» en respuesta a las preguntas de la vida, un proceso continuo para comprender el mundo y asumir la responsabilidad del modo en que elegimos estar en él. Es la forma en que elegimos cuidar de nuestro Yo, de los demás, de nuestra sociedad y de nuestro planeta.

Frankl propone que podemos descubrir este sentido de la vida de tres maneras distintas: [28]

- Al crear una obra o realizar una acción
- Al experimentar algo o encontrarnos con alguien
- A través de la actitud que adoptamos ante el sufrimiento inevitable

Que quede claro: Frankl no afirma que solo podamos experimentar el sentido en el sufrimiento, sino que «igualmente» podemos encontrarlo «mientras» sufrimos. Hay contextos y circunstancias que no podemos cambiar y, sin embargo, seguimos siendo responsables de elegir vivir una vida con sentido: «Cuando ya no somos capaces de cambiar la situación, nos enfrentamos al reto de cambiarnos a nosotros mismos». [29]

---

* Esta es una potente reformulación aprendí en mis estudios. Me ayudó a prestar atención al panorama general de la vida y a comprender mi papel en él. También me ayudó a sentirme capaz. Por fin me di cuenta de que tenía la libertad de elegir mi respuesta.

¿Has hecho alguna vez algo realmente desagradable, doloroso o insensible, pero que «tenías» que hacer? ¿Quizás defendiste a alguien que sufría acoso o maltrato? ¿Quizás soportaste el dolor del parto para traer a tu bebé a este mundo? ¿Te resultó más fácil cuando le asociaste un sentido? Frankl[30] puso una vez el ejemplo de un anciano cuya esposa había fallecido. Estuvo desconsolado hasta que se dio cuenta de que el hecho de que él estuviera sufriendo significaba que ella no tendría que sufrir la muerte de él. Este sufrimiento, o sacrificio, pasó a tener sentido y le resultó más fácil de soportar. Del mismo modo, veo a personas que pasan por un divorcio y cuyo dolor es insoportable hasta que caen en la cuenta de que esto beneficiará a sus hijos.

Aunque solemos abordar el sentido de forma muy cognitiva, es importante saber que podemos acceder a él desde lo intuitivo. De hecho, en su mayor parte, el sentido ocurre fuera de nuestra conciencia cognitiva. Por eso la mayoría de las personas no se plantean la cuestión del sentido de forma explícita (a menos que experimenten un trauma, una transición importante, la pérdida del propio Ser, etc.); suele ser intuitivo, algo que «viven».

¿TIENES ALGO POR LO QUE VIVIR?

Durante el primer semestre de mis estudios de posgrado, asistí a una clase de introducción al *counseling* en la que se repasaban todas las modalidades terapéuticas más importantes. A decir verdad, recuerdo muy poco del contenido del capítulo sobre «terapia existencial», pero una cosa me llamó la atención y se me ha quedado grabada hasta el día de hoy: una breve transcripción de una conversación entre un terapeuta y un cliente suicida que expresaba todas las razones por las que quería morir.

Tras escuchar lo que el cliente dijo, el terapeuta respondió con una simple pregunta: «Muy bien, entonces, ¿por qué no te suicidas?».

«Un momento, ¿qué?» No lo podía creer. «¿Se nos permite decir eso?». Estaba horrorizada, fascinada, atónita y encantada. Esa misma pregunta es la que despertó mi interés por la terapia existencial. A muchos compañeros les pareció que ese planteamiento era provocador (que lo es) e insensible. Pero a mí me pareció crudo y doloroso. Fiódor Dostoyevski, mi novelista ruso (y existencialista) predilecto, escribió: «Pues el secreto del ser humano no es solo vivir, sino tener algo por lo que vivir».[31] A fin de cuentas, si bien las formas fueron muy agresivas, lo que este terapeuta preguntaba era: «¿Tienes algo por lo que vivir?». La pregunta me dejó pensando.

Todo el mundo debería poder elegir entre vivir o morir, pero una vida sin sentido... bueno, no tiene sentido. A menos que sepamos «por qué elegimos» vivir, a qué elegimos dedicar nuestro Yo en su esencia, la vida ha terminado. **Reintroducir el sentido es la única manera de salvar de verdad una vida.** Sin embargo, la reintroducción no es lo mismo que el adoctrinamiento: no se trata de decirle a alguien en qué debe creer, sino de conseguir que la persona se enfrente a su propia falta de sentido y asuma la responsabilidad de ello.

Frankl habla de un cliente que le pidió que diferenciara entre la logoterapia, una terapia que se centra «en el sentido de la existencia humana, así como en la búsqueda de tal sentido por parte del hombre»[32] y el psicoanálisis (el enfoque freudiano).

Antes de contestar, Frankl pidió primero al cliente que definiera cómo entendía él el psicoanálisis, a lo que el cliente respondió:[33]

«En el psicoanálisis, el paciente se tiende en un diván y le dice a usted cosas que, a veces, son muy desagradables de decir». Después Frankl dio su respuesta: «Pues bien, en la logoterapia, el paciente puede permanecer sentado, derecho, pero tiene que oír cosas que, a veces, son muy desagradables».

Aunque parezca un comentario impertinente, creo que la respuesta de Frankl resume lo difícil que puede ser enfrentarse a las cuestiones existenciales. He descubierto que muchas personas no solo tienen miedo de ponerse a buscar la «respuesta», sino que les aterra incluso plantearse la pregunta. Pero te digo que, si no sabes cuál es tu sentido o por qué vives, ¡no pasa nada! No es patológico, es simplemente angustia existencial. La angustia no es algo malo, es la tensión que moldea nuestra existencia, y tenemos que aprender a apoyarnos en ella, a abrazarla.

Estamos siempre atrapados entre lo que hemos hecho y lo que queremos lograr: este es el acto significativo de llegar a habitar nuestro propio Ser. Frankl explica esta idea:[34]

> Considero un peligroso error para la psicohigiene suponer que lo que el hombre necesita en primer lugar es equilibrio o, como se llama en biología, «homeostasis». Lo que el hombre necesita en realidad no es un estado libre de tensión, sino esforzarse y luchar por un objetivo que merezca la pena, una tarea elegida con libertad. Lo que necesita no es la descarga de tensión a toda costa, sino la llamada de un sentido potencial que espera ser realizado por él.

Convivo con la tensión de mi existencia casi a diario. Algunos días se siente como un límite que me restringe levemente, y otros se siente como una carga pesada. El otro día, mientras escribía en una cafetería, me puse a examinar en silencio el sentido de la vida. Me di cuenta de que en realidad no tenemos mucho tiempo aquí, así que, ¿qué sentido tenía todo esto? ¿Estaba haciendo lo correcto con mi vida? ¿Acaso importaba mi trabajo con los clientes o en Instagram? ¿Qué sentido tenían las relaciones si al final todas terminaban con la muerte? ¿Por qué estaba tan convencida de que había motivo para despertarse al día siguiente? Poco a poco, la comida empezó a saberme insípida, las palabras que escribía se sentían vacías y me quedé mirando a la nada por la ventana. (Se activa un filtro en blanco y negro con música de piano de fondo).

Pero esta tensión no fue amenazante para quien era yo ni para mi existencia, como sí había ocurrido en otras ocasiones, porque estoy en un momento de mi vida en el que me siento conectada con mi Yo. Ahora, momentos como ese se han convertido en enseñanzas cargadas de sentido, a veces incluso profundas. Me he rendido ante la dificultad y la frecuencia de estas preguntas y, en lugar de sumirme en la oscuridad, estos momentos incómodos me ayudan a reorientarme y a garantizar que sigo participando de forma activa en mi propia realización. Me mantienen alerta, por así decirlo. Y por eso los valoro.

Pero durante mucho tiempo esto no fue así, y no es la realidad de muchos. Antes me atormentaban mi desorientación interior y mi vacío; me sentía tan incómoda que quería hacer lo que fuera con tal de escapar. Sentía un intenso vacío dentro de mí y, en mi descuidada búsqueda de sentido, puse en ese vacío cosas que no debían estar ahí, tratando impulsivamente de adormecer el dolor con un sinfín de relaciones (de todo tipo), reconocimientos por mis logros e incontables horas de televisión para no pensar. Lo irónico fue que el proceso de explorar ese vacío, el desenmarañamiento caótico de la pérdida de mi ser, fue lo que me dio el sentido que siempre me había faltado. El primer paso fue averiguar cómo diablos había llegado a un punto en el que «¿quién soy?» era una pregunta que no tenía ni la más mínima idea de cómo responder.

LA DURA VERDAD

Una vida con sentido comienza cuando decides que merece la pena
vivirla.

RECUERDA

Céntrate en tu porqué y este te conducirá a tu cómo.
Sé fiel a tu cómo y este te conducirá a tu Yo.

PARTE II

EL YO QUE PERDISTE

El mundo te preguntará quién eres, y, si no lo sabes, el mundo te lo dirá. [35]

CARL JUNG

4. ¿Qué causa la pérdida del propio Ser?

Hay dos tipos de personas en este mundo: los que tenían un sentido del Ser y luego lo perdieron, y los que jamás llegaron a comprender, o a habitar, su verdadero Ser. Puede resultar difícil discernir a qué categoría pertenecemos y, a fin de cuentas, es irrelevante. Una vez perdidos, el malestar y las consecuencias que sufrimos son las mismas. En ambas circunstancias, se nos presenta la difícil tarea de afrontar nuestra pérdida y rastrear su origen: ¿cuándo, cómo y por qué ocurrió? La corporeización, es decir, la unificación del Yo, no se concreta simplemente explorando el pasado, aunque eso puede ayudarnos a adquirir una perspectiva diferente, cultivar compasión y aprender lecciones significativas que nos permitirán moldear nuestro futuro.

Para mí, el proceso de pérdida del propio Ser comenzó de pequeña. Si tuviera que elegir un momento exacto, sería a los nueve años, cuando pasé la primera noche en un refugio antiaéreo.

Tengo un vívido recuerdo de esa noche, porque contrastaba mucho con el apacible día que la precedió. Aparte del inusual tiempo soleado y de mi paseo hasta la plaza del pueblo, donde me compraron el primer helado de la temporada, esa tarde de primavera fue de lo más normal... bueno, al menos lo que se consideraba normal para la Yugoslavia de 1999. En los meses previos, todos los espacios públicos de mi pueblo habían hervido de murmullos, blasfemias, oraciones desesperadas que sonaban a negociaciones y, lo más importante, especulaciones de guerra.

Aquella noche, toda mi familia estaba despatarrada en el sofá de la sala de estar, lista para ver el episodio semanal de *Esmeralda*, una telenovela mexicana que nunca nos perdíamos. A los pocos minutos de empezar, el televisor emitió un largo y agudo chillido que transformó la imagen en una secuencia de franjas de colores. En la pantalla, aparecía una declaración de GUERRA en letras grandes y gruesas. No recuerdo bien los detalles del anuncio, pero la frase final puede traducirse más o menos así: «Ha comenzado la guerra». Momentos después, comenzaron a sonar las sirenas antiaéreas. Nos estaban atacando. Y, en ese momento, mi infancia terminó.

Salimos corriendo para meternos en una bodega subterránea que había al lado. Era el único refugio que se nos ocurrió. Justo cuando pisamos la calle adoquinada, se oyó un ruido ensordecedor. Al mirar en dirección a la explosión, vimos una gran nube de fuego naranja. En menos de un segundo, sentimos la ráfaga de aire caliente. Había caído la primera bomba, a pocos kilómetros de nosotros.

Me quedé inmóvil. Como no conocía ninguna emoción que pudiera corresponder a la experiencia, no hice ni sentí absolutamente nada.

En los días siguientes, mi familia buscó refugio en búnkeres públicos, unas estructuras subterráneas llenas de cientos de personas desconocidas. Los espacios estaban iluminados con luces fluorescentes que parpadeaban y los suelos estaban cubiertos de mantas rasgadas y colchones viejos. El aire estaba cargado con el espeso humo de los cigarrillos.

Vivimos así un par de meses, y no sé en qué preciso momento ocurrió, pero el trauma de la guerra hizo que mis prioridades pasaran de la conciencia de mí misma a la supervivencia. Lo único que nos preocupaba era tener comida suficiente, modificar nuestra casa para resistir los bombardeos, estar preparados para huir en cualquier momento (dormíamos por turnos, con la ropa puesta y los bolsos preparados), conseguir lugar en los búnkeres y encontrar la manera de que mi familia escapara de la antigua Yugoslavia (uno a uno y por separado). Pero poco podía imaginar que la huida sería aún más traumática que el propio cautiverio.

Recuerdo ir tomada de la mano de mi madre mientras cruzábamos el puente hacia la terminal de autobuses. Antes de llegar a la mitad del camino, comenzaron a oírse las sirenas antiaéreas. En cuestión de segundos, vimos un avión que volaba directamente hacia nosotras. Empezamos a correr tan rápido como podíamos. Cuando pienso en ese momento, todavía siento el galope de mi corazón en el pecho. Hubiera sido imposible escapar del avión, pero por suerte ese día se desvió y bombardeó otro puente. En la terminal de autobuses, sin aliento y temblando, me despedí de mi madre y, aferrada a una bolsa de plástico llena de bocadillos, subí sola a un autobús con destino a Bosnia. No tenía idea de quién me recogería al otro lado ni de adónde iba.

Durante mucho tiempo no quise admitir que estas experiencias me habían cambiado radicalmente. Reconocerlo implicaba una derrota: no quería dar a quienes impusieron la guerra nada más aparte de las muchas vidas que ya se habían cobrado. Pero la verdad siempre acaba saliendo a la luz, ¿no?

Si bien la crisis llegó a su fin y mi familia emigró a Canadá, seguí viviendo en modo de supervivencia hasta entrada la veintena. Para mí, lo que hacía era protegerme, juzgando, cerrándome y desconfiando de los demás. Cuando sientes que tu existencia está bajo una amenaza constante, no te permites hacer otra cosa que sobrevivir y te proteges a toda costa. El trauma deformó mi sentido de la realidad y me despojó de mi capacidad de acción. O eso era lo que pensaba.

¿Has oído alguna vez la historia del elefante y la cuerda? Se dice que se puede adiestrar a una cría de elefante si se le ata la pata delantera a una estaca con una cuerda delgada. Al principio, el elefante luchará por liberarse, pero al final aprenderá que no puede. Una vez que el elefante crece, deja de intentar tirar de la cuerda o arrancar la estaca porque se lo ha condicionado a creer que eso es imposible. El elefante sigue atrapado, aunque ya tiene fuerza suficiente para liberarse. Lo que antes lo limitaba ya no tiene poder para hacerlo, pero el elefante no es consciente de ello.

Yo era el elefante. De niña, en plena guerra, estaba desamparada de verdad, pero no estaba desamparada como adulta mientras vivía una vida que no quería; sin embargo, no podía distinguir la diferencia. Parte del proceso de sanación consistió en darme cuenta de que no iba a pasarme nada malo si me dejaba ser, si me mostraba como mi Yo; que tenía capacidad de acción, e incluso poder; que lo que sentía, pensaba, quería y necesitaba importaba de verdad; que lo que soy no es una mera consecuencia de los acontecimientos dolorosos de mi vida, sino más bien un cúmulo de decisiones que moldean a la persona que llego a ser; que la única amenaza presente provenía de la pérdida de mi propio Ser.

Hasta que no tomé conciencia de ello y, por lo tanto, empecé a abordar la vida de otra manera, no pude dar mi consentimiento interno a la vida que llevaba. (No quiero decir «vivía» porque vivir implica adoptar una actitud honesta y tener los pies puestos en la realidad, y ese no era mi caso). Lo que me liberó fue mi conciencia. Bueno, en realidad, me liberaron mis actos, pero estos se basaron en la conciencia. Todo comienza por la conciencia. Fue una tarea difícil, dado que las personas más cercanas a mí sobrevivieron a los mismos acontecimientos traumáticos y los normalizaron de tal manera que tuve que esperar hasta los veinte años para darme cuenta de que, en realidad, se trataba de un trauma.

En algún momento, debemos abrir los ojos a lo que nos ha sucedido y admitir ante nosotros mismos todo lo que hemos hecho. El estado de conciencia rara vez se produce por casualidad. Para analizar a fondo la pérdida de nuestro ser, es necesario actuar de manera deliberada e intencional al explorar y enfrentar las experiencias que la provocaron, así como nuestras acciones que la han perpetuado y nos han mantenido atrapados en ese estado de pérdida.

LAS CAUSAS DE LA PÉRDIDA DEL PROPIO SER

Si bien la responsabilidad se presenta como un tema ineludible cuando se habla de la pérdida del propio Ser, quiero reconocer que esta pérdida siempre viene acompañada de una razón, un desencadenante, una causa. Nadie se levanta un día y renuncia a su Ser. Bueno, al menos no a propósito. Más allá de si se trata de un obstáculo que nos impidió identificar y vivir realmente nuestro auténtico Yo, o de algo que con el tiempo cortó o erosionó nuestra conexión, en mi trabajo clínico he encontrado que las causas más comunes de la pérdida del propio Ser son estas tres:

1. Acontecimientos que alteran la vida.
2. Conductas modeladas y reglas familiares.
3. Traición a uno mismo.

Acontecimientos que alteran la vida

Ciertos acontecimientos modifican la relación que tenemos con nuestro Yo porque presentan una barrera o un obstáculo para comprender o corporeizar quiénes somos. Tras un acontecimiento que altera la vida, suele ocurrir una de estas tres cosas:

1. Empezamos a identificarnos con el dolor o el acontecimiento.
2. Nos cuesta reconciliar lo que éramos antes del acontecimiento con lo que somos ahora.
3. Experimentamos problemas de salud mental que nos hacen sentir menos conectados con nosotros mismos o avergonzados.

No existe una norma que se pueda aplicar a rajatabla sobre cómo pueden ser estos acontecimientos. Dos personas pueden experimentar exactamente lo mismo y sufrir un impacto diferente.

Los traumas de mi infancia perduraron hasta mi edad adulta, pero, aunque parezca increíble, la presión y las dificultades que experimenté a los veinte años fueron mucho más dolorosas que sobrevivir a una guerra. La mayoría de la gente se sorprende cuando digo esto. La verdad es que no importa lo que hayamos vivido o lo grande o pequeño que otros lo consideren: no podemos evaluar ni juzgar un acontecimiento sin comprender su impacto. Para mí, el acontecimiento que desencadenó inicialmente la pérdida de mi propio Ser fue la guerra, y luego, lo que profundizó y perpetuó esa pérdida fue casarme sin estar preparada (y con la persona equivocada); para otros, puede ser irse a vivir a otro lugar, un diagnóstico médico, la pérdida de un ser querido, un revés en una relación o tener un hijo, por nombrar solo algunos.

Cualquier acontecimiento puede revestir la importancia suficiente como para detener, distorsionar o entorpecer la relación con nuestro Yo. Es decir, esos acontecimientos nos dificultan actuar, sentir y/o decidir en consonancia con lo que entendemos que es nuestro Yo.

Una vez trabajé con un hombre que descubrió que su mujer lo había estado engañando. Ya de por sí es difícil lidiar con una infidelidad, pero esta en particular resultó sumamente abrumadora porque él había hecho de la relación, de su rol como esposo y padre, el centro de todo su Yo. En consecuencia, cuando vio a su mujer con otro hombre, su sentido del Ser se hizo añicos:*

Estaba perdido porque de repente me había quedado sin marco alguno para el plan de casarme, tener una familia y progresar con los hijos. El marco se derrumbaba y yo no tenía alternativa para compensar esa pérdida. Así que estaba desconcertado, molesto y enfadado por la traición… aunque también preocupado. «Pero ¿qué significa esto?», pensaba.

Recuerdo que me eché en la cama y empecé a gritar para sacármelo de dentro porque sabía que mi vida estaba destrozada… o eso creía en ese momento. No me parece que tuviera mucho sentido de mí mismo. Recuerdo que me sentía [pausa prolongada]… profundamente triste… muerto. Sentía que todo había terminado.

Incluso décadas después de descubrir la infidelidad de su esposa, el hombre siguió identificándose con su propio dolor. No abrazó las posibilidades que podría haber tenido para el futuro; se quedó estancado en sus limitaciones, o en lo que le fue «dado». Y, en consecuencia, no tenía conexión alguna con su Yo. Su dolor se convirtió en su identidad.

Según los hechos y mis experiencias de vida, soy una víctima. Se aprovecharon de mí, y fui un tonto por permitirlo. Soy un tonto ingenuo. Aunque tengo casi setenta años, miro hacia atrás, a las distintas relaciones, elecciones y comportamientos y, en especial, en los últimos diez, doce… [suspiro] y me reprocho por haber sido un tonto.

---

* Todas las citas de este capítulo están transcritas textualmente de entrevistas que realicé durante mi investigación de maestría sobre el daño moral; uno de los temas que estudié fue la autoenajenación.

Si bien es posible que ciertos acontecimientos nos despojen de un rol que se había convertido en una parte importante de cómo experimentamos nuestro Yo, en otros contextos, como cuando nos convertimos en padres o madres, se nos otorga un rol nuevo. Para algunos, esta transición puede darse como un complemento natural de su identidad, mientras que para otros constituye una intromisión, un sinfín de actos que giran en torno a un rol que no se corresponde con la forma en que se piensan, se sienten y se experimentan a sí mismos. Para ciertas personas, puede ser difícil conciliar lo que son ahora con lo que eran antes de tener un hijo.

Hace poco, estaba viendo videos de TikTok y vi uno en el que una mujer decía algo así como: «Estoy tan harta de que la gente diga que ser madre no es una personalidad». Continuó diciendo que desde que había sido madre (hacía nueve meses), todo lo que había hecho había sido para su bebé. Dijo que no había hecho nada que fuera solo para ella, para su Yo. Entonces, ¿cómo es que ser madre no podía considerarse su personalidad? Lo entiendo; ella sentía que la maternidad era todo lo que tenía en ese momento. Era la única forma en que podía entender a su Yo, quizás porque sus acciones cotidianas solo le devolvían el reflejo de la maternidad. Y puede ser sumamente difícil diferenciar nuestro «rol» de nuestra «identidad». La identidad es quienes somos; los roles son lo que hacemos. Pero, claro, nuestra identidad se basa en lo que hacemos. Está todo conectado. Para las madres, puede constituir un reto identificar un Yo fuera de ese rol específico. Esta incapacidad para ver o reconocer a nuestro Yo en nuestros actos puede generar miedo y agobio, y muchas personas la experimentan como una pérdida. Otras, en cambio, pueden sentirse aliviadas o realizadas por la maternidad: han recibido algo que les ofrece sentido y una oportunidad de expresar su Yo de una manera distinta.

Una mujer con la que trabajé me habló de la dura realidad y la pérdida de su ser que atravesó tras haber engañado a su pareja:

Siento que la experiencia [de la infidelidad] me sacudió hasta la médula, y me hizo caer en la cuenta de lo falible que era. No era perfecta. No era tan buena como todos pensaban. Me bajó del pedestal en el que todos me tenían. Estaba preparada, dispuesta, habiendo hecho una elección consciente, para transgredir valores morales fundamentales, y ese descubrimiento me impactó. Y fue... fue doloroso darme cuenta de que era igual que todos los demás.

En el punto álgido de mi pérdida del ser, empecé a experimentar por primera vez problemas de salud mental. Comencé a sentirme menos conectada con mi Yo y avergonzada de él. ¿Cómo era posible que una terapeuta en formación sufriera ataques de pánico o, si la situación se ponía muy mal, terminara disociándose? Recuerdo ir al consultorio de mi terapeuta y sufrir una angustia impresionante porque no podía sentir mi cuerpo, no percibía el suelo que pisaba. En ese estado, sentía que ya no me poseía; la desconexión conmigo misma se manifestaba a un nivel visceral.

Enfrentarnos a nosotros mismos y a nuestra humanidad es la única manera de identificar la pérdida de nuestro ser. Durante la pandemia del COVID-19, muchos experimentamos una crisis de identidad cuando nuestra vida quedó bajo amenaza, las rutinas cotidianas se alteraron por completo y se redujeron las alternativas. Ya no podíamos ir a la oficina, viajar en avión a nuevos lugares, celebrar eventos o ir a bares. Muchos nos quedamos sin trabajo y perdimos a seres queridos. Aquellos cuyo sentido del Ser había sido secuestrado por nuestros roles profesionales y sociales nos sentimos perdidos al no poder desempeñarlos.

La pandemia nos generó un despertar masivo en términos de reconocimiento y evaluación de la relación con nosotros mismos porque nos despojó de expectativas, rutinas mecánicas y distracciones. Creo que todos coincidimos en que estar confinados en casa, en compañía de nosotros mismos, resaltó brutalmente cuán enmascarado estaba nuestro sentido del Ser por cosas o personas externas. Nos hizo ver lo poco sintonizados y conectados que estábamos con nuestra vida; sin darnos cuenta, muchos vislumbramos por primera vez la pérdida de nuestro ser.

Reglas y conductas modeladas

Camila sacó su teléfono apenas empezó nuestra sesión. Me miró y me dijo que tenía algo que quería leer en voz alta: un mensaje de texto de un pariente. La esperé, expectante, sin tener idea de cuál podría ser el tema de la sesión de ese día. Se aclaró la garganta y empezó:

Regla familiar número uno: se espera que todos nuestros hijos traten su cuerpo con modestia, absteniéndose de toda actividad sexual. Regla familiar número dos: los hijos no están en condiciones de cuestionar o impugnar las decisiones tomadas por los padres. Regla familiar número tres: se espera que todos los hermanos compartan con uno de sus padres cualquier información que otro hermano esté ocultando. Regla familiar número cuatro: la familia es, y debe ser, la prioridad número uno para todos y cada uno de sus miembros. Regla familiar número cinco: no se permite hacerse tatuajes ni piercings. Regla familiar número seis: la cafeína, el alcohol y el azúcar no deben consumirse con moderación, sino evitarse por completo. Regla familiar número siete: Es obligatorio asistir a misa los domingos. Regla familiar número ocho…

Me quedé sentada, estupefacta. No esperaba una lista de reglas. La clienta, que rondaba los treinta años, tenía una exitosa carrera como abogada y vivía sola, procedió a decirme que el mensaje de texto de ese día no era más que una versión actualizada de las «reglas familiares» y que se esperaba que cada miembro respondiera y confirmara que cumplirían los deseos de su padre (el autor del texto). Toda infracción debía castigarse con la «exclusión de las actividades familiares».

Su madre había sido la primera en responder, aprobando el mensaje.

Camila no dijo mucho cuando terminó de leer, pero de repente empezó a sollozar. Estaba frustrada; no sabía cómo conciliar las exigencias de su familia y su propia vida, que distaba mucho de ellas. Sentía que la tironeaban en distintas direcciones y no sabía cómo mantener las diversas creencias aparentemente contradictorias con las que se identificaba. No podía complacer a todo el mundo, y eso la destrozaba.

La experiencia de Camila ilustra que nuestra idea de quiénes somos siempre se ve influida por las normas y las conductas modeladas con las que hemos crecido. Es común que las personas que crecieron en sistemas que les dejaban muy poco espacio para expresar y, por consiguiente, ser lo que eran, sufran la pérdida del propio Ser. Si nos enseñan que no se nos permite existir de un modo distinto del que se espera de nosotros a menos que queramos arriesgarnos a sufrir rechazo y abandono, es probable que busquemos nuestro sentido del Ser en la aprobación.

Aunque son muy pocos los que reciben mensajes de texto en los que se exponen explícitamente las reglas familiares, casi todos las sienten de forma implícita. ¿Qué reglas familiares han marcado la concepción de tu Yo? ¿Qué reglas chocan con la forma en que experimentas tu Yo? Y lo más importante: ¿qué modelos del Yo o de la autenticidad has tenido (si es que has tenido alguno)?

Muchos nos criamos con padres que tenían dificultades con su propio sentido del Ser y mostraban conductas que ahora repetimos sin saberlo. Si no tuvimos padres que nos dieran ejemplos de libertad, responsabilidad, capacidad de elección y autenticidad, ¿cómo vamos a hacer esas cosas de forma natural?

Nuestra familia biológica nos es «dada», no es algo que podamos cambiar. Pero depende de nosotros buscar la corporeización y unidad de nuestro Yo, es decir, la antítesis de la pérdida del propio Ser. Para ello, debemos reconocer la posibilidad de lo que podemos llegar a ser y los ciclos familiares que queremos romper.

Traición a uno mismo en las relaciones

Rollo May, psicólogo existencial y escritor estadounidense, escribió: «Si no expresas tus ideas originales, si no escuchas a tu propio Ser, te habrás traicionado a ti mismo».[36] La «traición a uno mismo» no es un diagnóstico clínico, pero el término suele usarse en el mundillo de la salud mental y la autoayuda para describir cuando uno niega partes de su Ser (por ejemplo, necesidades, pensamientos y sentimientos) por el bien de otra persona, un trabajo, una relación, etc. Básicamente, ocurre siempre que elegimos algo, o a alguien, en lugar de a nuestro Yo. Ocurre cuando, en lugar de ser leales a nosotros mismos, dirigimos nuestra lealtad a algo externo. No se trata de transigir en asuntos triviales como qué tren tomar o a qué restaurante ir; se trata de realizar actos que ponen en riesgo lo que somos.

El análisis existencial plantea una pregunta importante: «¿Qué se pierde cuando hago cosas que no son "yo"?».

La respuesta: «Yo me pierdo. Me pierdo a mí. Me convierto en una persona que desconozco».

A veces, la traición a nosotros mismos adopta una voluntad extrema de hacer algo que nos hace daño para complacer a los demás o para intentar erróneamente «conservar» a alguien. A muchos nos aterra estar solos y estamos dispuestos a sacrificar lo que haga falta para no enfrentarnos a la soledad. Sin embargo, en el afán de poseer a otra persona, terminamos perdiendo la posesión de nuestro Yo. André Gide, escritor francés y Premio Nobel, dijo: «El miedo a encontrarse solos, eso es lo que padecen, y entonces, no se encuentran en absoluto».[37]

La traición a uno mismo desvía nuestra atención del Yo y nos lleva a buscar la motivación fuera de lo que somos. Muchas veces, esta transición es gradual y no somos conscientes de ella. Tal vez empiece con un pequeño acto, como decir «sí» cuando queremos decir «no», pero enseguida puede convertirse en responder a las personas y a las situaciones como anticipamos que ellas quieren, en lugar de hacerlo en consonancia con lo que necesitamos nosotros. Nuestros actos determinan la persona en que nos convertimos y, a la vez, apelan a la relación actual que tenemos con nuestro Yo, ya sea auténtico o inauténtico.

Varios clientes me han dicho que alguna persona de su vida no «merece» su autenticidad. Mi respuesta es siempre la misma: «¿Para "quién" crees que es la autenticidad?». La reacción que produce esta pregunta suele ser un silencio contemplativo o una sonrisa pícara, quizá molesta.

Por supuesto, la autenticidad nos ayuda a crear relaciones sanas con los que nos rodean, pero también es la base de una relación sana con nuestro Yo.

La autenticidad es, ante todo, para nosotros. Y, sin embargo, muchos creemos que es para los demás. Y, como creemos que es para los demás, podemos estar dispuestos a sacrificarnos por ellos. En mi consultorio privado y en mis investigaciones, he observado que la traición a uno mismo se produce con mayor frecuencia en las relaciones amorosas (aunque las relaciones familiares ocupan un cercano segundo lugar). Puede consistir en lo siguiente:

- Cambiarte para ser quien tu pareja quiere que seas.
- Negar los problemas en la relación (aunque te hagan daño).
- Silenciar tu voz/intuición (porque eso amenaza tu relación).
- Someterte a prácticas íntimas no deseadas (para complacer a tu pareja).
- Aceptar menos de lo que te mereces.
- Poner en riesgo tus creencias y valores.
- Disculparte por cosas que no son culpa tuya.
- No defender tus necesidades.
- Cruzar tus propios límites para hacer feliz a tu pareja.
- Mentir para mantener la paz.
- Empequeñecerte para que los demás se sientan mejor consigo mismos.
- Sacrificar tu autonomía.
- Hacer cosas que son irrespetuosas o degradantes para tu Yo.
- Dudar de si debes salir en tu defensa.
- Buscar satisfacer las necesidades de los demás por encima de las tuyas.
- No valorar ni invertir en la relación con quien eres (porque tu tiempo y energía se los das a «ellos»).

Veo a muchos clientes que vienen a terapia porque quieren mejorar su relación con otra persona. Pero cuando el motivo de la terapia solo se centra en una relación (o en otra persona), lo que más curiosidad me despierta es la relación que el cliente tiene consigo mismo.

Durante años, trabajé estrechamente con una clienta, Naomi, una milenial muy atenta, agradable y graciosa. También solía sentirse insegura, le costaba establecer límites, así como querer a su Yo y conocerlo. Le daba miedo perder a su pareja, pero, sobre todo, le aterraba quedarse sola. Por difícil, agotadora o nociva que se volviera la relación, nunca se planteó abandonarla. Naomi no se valoraba lo suficiente como para creer que era digna de algo mejor o que alguien se lo ofrecería. En lugar de eso, se quedó con una pareja que tenía varias aventuras amorosas que no se molestaba en ocultar, robaba las pastillas recetadas a su madre, se gastaba impulsivamente los ahorros de ambos, desaparecía durante días sin decirle a dónde iba, nunca le presentaba a sus amigos y demostraba un interés casi nulo en la intimidad física.

Ella tardó años en reconocer que seguir en esa relación era una traición a sí misma. Con el tiempo, pudo reconocer que, por mucho que se esforzara en ser la pareja «perfecta» y en «ganarse» su atención y su amor, él era incapaz de dárselos. Naomi dio demasiado y no pidió nada a cambio. Y esto es lo que pasa con la generosidad: **el esfuerzo y la lealtad sin límites pueden convertirse en una forma de traición a uno mismo.** Ella no solo arriesgó su identidad por la relación, sino que acabó por dejar de saber quién era. La desafortunada realidad es que muchos nos encontramos en situaciones en las que, a la larga, tenemos que elegir entre dos personas, una de las cuales es nuestro Yo.

Además de querer conservar a alguien en nuestra vida, hay otras razones por las que podemos hacer cosas que no se alinean con nosotros:*

* Nos falta autoconciencia.
* Nos seducen, coaccionan, obligan o presionan.
* Nos sentimos obligados (por un sentido de lealtad, moralidad o estructura de creencias).

A veces es una combinación de todas estas razones.

Jonah se casó con su novia de la universidad porque ella le dio un ultimátum el día de la graduación: o se casaban o se separaban. Según él, casarse fue una decisión «cognitiva», no fundada en el amor (y, como sabemos, el consentimiento interno no es meramente cognitivo). Cuando le pregunté por qué había decidido casarse, me dijo que su sentido de la responsabilidad y el miedo a la soledad pesaban más que lo que sentía por ella y por la relación. Me impresionó que asumiera la responsabilidad de su decisión.

Pero yo diría que fui un agente voluntario que contribuyó a mi propia traición. En retrospectiva, si hubiera tomado decisiones

---

* Esta lista procede de un taller impartido por Längle.

diferentes en distintos momentos y hubiera sido más fiel a mí mismo, habría decidido otras cosas, en lugar de tomar decisiones motivadas por la preocupación y el afecto hacia [otros]. Debería haber sido más firme en aquel momento, y probablemente no deberíamos habernos casado. Me sentí obligado a casarme. Me parecía que lo que yo sentía no importaba tanto como protegerla a ella [...]. En aquel momento me pareció una decisión sensata. Porque, aunque no me sentía del todo conforme, era lo correcto.*

La traición a uno mismo es una forma de inautenticidad. Es importante que nos hagamos la pregunta: «¿Qué siento, o qué percibo, cuando hago cosas que en realidad no puedo respaldar?». En otras palabras, ¿qué se siente cuando aceptamos hacer algo que no se alinea con nosotros, o algo que nos sentimos obligados a hacer por un sentido de «corrección» o de autoridad moral?

Muchas veces sentimos lo siguiente:**

- Que estamos controlados en lugar de estar en control (y sometidos a un poder «externo»).
- Una falta de presencia en el momento actual.
- Vacío.
- Pérdida del tiempo.
- Una falta de conexión con nuestro Yo durante esos actos.

Así se trate de asistir a un acontecimiento familiar, trabajar los fines de semana o reírnos de chistes ofensivos, es decir, situaciones en las que en el fondo sabemos que no podemos dar nuestro consentimiento interno, nos alejaremos de nuestro Yo. Lo que más suele doler de la traición a uno mismo es nuestra «participación» en ella. Es doloroso enfrentarse a nuestros propios actos, y, por mucho que queramos que la responsabilidad recaiga en los demás, a fin de cuentas es nuestra.

---

* Esta cita está transcrita literalmente de las entrevistas que realicé durante mi investigación de máster.

** Esta lista procede de un taller impartido por Längle.

El deseo de estar perdidos

Por último, existe otra causa o motivo para la pérdida del propio Ser: «QUEREMOS estar perdidos». Entablar una relación con nuestro Yo nos conecta, nos da plenitud y nos libera, pero también es difícil. Algunas personas no quieren llevar la carga del propio Ser. Encuentran consuelo en el autoengaño, la ignorancia o en fingir ser algo que no son. No quieren que cambie nada en su vida; y no quieren tener que cambiar. Las personas para quienes la vida es absurda e inherentemente carente de sentido a veces no se molestan en intentar cosechar los beneficios de la libertad, la capacidad de elección y la responsabilidad; han optado por la satisfacción que da el hedonismo o el consuelo que da la pérdida.

ROLE-PLAY: CÓMO PARTICIPAMOS EN LA PÉRDIDA DE NUESTRO PROPIO SER

No me había percatado del papel que había desempeñado en la pérdida de mi propio Ser hasta que empecé a hacer terapia, inmediatamente después del ataque de pánico que sufrí en California. Cada vez que entraba en el consultorio de mi terapeuta, se me relajaba la mandíbula y se liberaba la tensión de los hombros. Me sentía segura, algo raro para alguien que no estaba conectada con su Yo. En cuanto me hundía en el sofá, empezaba a confesar. Más a mi Yo que a ella. Ponía en palabras pensamientos que me parecían demasiado amenazantes o abrumadores para expresarlos en soledad. Era la hora a la semana en la que permitía que mi Yo se entregara, lo que a veces era muy parecido a perder el control.

Pero entregarse no significa perder el control. Se trata de renunciar a nuestra «ilusión» de control y responder a las preguntas y exigencias de la vida con una actitud curiosa y abierta. Para poder afrontar nuestra pérdida, identificar su causa y explorar el papel que desempeñamos en ella, debemos cumplir con tres requisitos previos:

1. Autoconciencia: la autoconciencia es nuestra capacidad para «ver» a nuestro Yo y comprender cómo actuamos en el mundo,

normalmente a través de actos de introspección y reflexión. La autoconciencia requiere la observación constante de nuestros pensamientos, emociones y comportamientos para tomar conciencia de cómo estamos experimentando nuestra vida, nuestras relaciones y nuestro Yo.

La autoconciencia nos permite encontrarnos con nuestra propia individualidad y autenticidad. Sin embargo, es importante señalar que la conciencia no se limita a reconocer lo bueno; implica afrontar nuestros errores, defectos y dificultades. Irvin D. Yalom, famoso psiquiatra existencial estadounidense, afirma que «la desesperación es el precio que uno paga por tomar conciencia de uno mismo. Si se observa la vida en profundidad, siempre se encontrará la desesperación».[38] ¿Por qué? Porque la existencia siempre viene acompañada de desesperación, y la conciencia siempre saca esa desesperación a la luz. Por eso muchos de nosotros vivimos en la negación y la ignorancia deliberada: queremos evitar sentir dolor y sufrimiento. Y por eso muchos seguimos sin ser conscientes de que estamos perdidos, y ajenos al papel que desempeñamos en nuestra propia situación particular.

2. Honestidad: encontrarnos con nosotros mismos solo es posible si somos honestos con lo que observamos y experimentamos. Tenemos que ser honestos respecto de qué y a quién «vemos». Y debemos aprender a ser honestos no solo «con» nosotros mismos, sino también «acerca de» nosotros mismos. La honestidad requiere que nos enfrentemos a la verdad, aunque nos cause incomodidad.

Tenemos que dejar de fingir que no nos duelen las cosas que nos duelen. Tenemos que dejar de fingir que no queremos las cosas que queremos. Tenemos que dejar de fingir que nuestros actos no tienen consecuencias. Tenemos que dejar de fingir que no somos responsables de la vida que vivimos. Tenemos que dejar de fingir que no tenemos libertad de elección (por grande o pequeña que sea). Tenemos que dejar de fingir y debemos practicar la honestidad.

3. Seguridad: «La verdadera pregunta es: ¿cuánta verdad puedo tolerar?».[39] Yalom plantea aquí una cuestión interesante. El peso de la

honestidad solo puede llevarse «por elección». Cuando no elegimos la verdad, la situación puede llegar a ser aplastante, arrolladora o incluso destructiva; puede convertirse en algo que no podamos soportar. Debemos sentir que no corremos demasiados riesgos para «tolerar» o coexistir con la verdad.

Si la honestidad nos resulta difícil, la cuestión no pasa por romper la barrera de nuestra negación, sino por encontrar formas de, en primer lugar, ampliar nuestra sensación de seguridad. Cuando no nos sentimos seguros dentro de nuestro Yo, es común sentir la necesidad de controlarlo todo y a todos para naturalizar las amenazas percibidas. Yo confiaba en mi terapeuta para que me calmara y me protegiera de mis propios pensamientos dolorosos. La necesité hasta que al fin tuve a mi Yo; hasta que confié lo suficiente en mi Yo para no desmoronarme al enfrentarme a mi realidad. Me llevó un tiempo aprender el arte de la entrega, y lo logré al darme cuenta de que la delgada línea que separa la entrega del descontrol es la *«seguridad»*.

Este no es motivo ni tampoco excusa para eludir la verdad. No enfrentarnos a nuestro Yo tiene consecuencias igual de dolorosas. Entonces, si la evitación no es la respuesta, ¿cuál es? La paciencia. En mi trabajo clínico, observo que, a medida que pasa el tiempo, los clientes están dispuestos a aceptar mayores grados de su verdad. El nivel de disposición está directamente relacionado con el nivel de intimidad, seguridad y confianza que tienen consigo mismos.

Entre mis clientes se encontraba Taylor, que manifestaba estrategias de afrontamiento muy perjudiciales y dañinas. Pasamos meses desentrañando la historia de su vida y, si bien mostraba claros signos de haber sufrido un trauma en la primera infancia, nunca sacó el tema. Habría sido fácil indagar, pero decidí no hacerlo. Al final, después de algún tiempo, Taylor confirmó mi sospecha al compartir una experiencia traumática de su infancia que todavía le costaba admitir que había sucedido. Mi trabajo consistió en no imponerle la verdad antes de que pudiera soportarla. Mi trabajo consistió en ayudar a Taylor a cultivar su autoconfianza y su seguridad interior para que pudiera «elegir» afrontarla. Al fin y al cabo, nosotros somos los únicos que podemos decidir cuánto podemos soportar. Tenemos que encontrar nuestros propios tiempos.

La seguridad y la confianza no pueden disociarse, porque una no existe sin la otra. Hay muchas experiencias de vida que pueden poner a prueba nuestra confianza fundamental. «Confianza fundamental» es un término del análisis existencial que se refiere a los cimientos de nuestro propio Ser; lo que percibimos como el sostén sin el cual no podemos vivir. La base puede ayudarnos a confiar en nuestra capacidad de existir en el mundo con plenitud y autenticidad. No importa por lo que estemos pasando, lo que hayamos hecho o lo que nos hayan hecho; todos nos enfrentamos a esta pregunta:

¿Cuáles son los cimientos de mi confianza? O, en otras palabras: **¿En qué se basa mi confianza?**

Hay tres respuestas comunes:

1. Yo y mi propia vida.
2. Alguien o algo.
3. Dios o algún principio organizador más grande y abarcador.

En última instancia, la capacidad de afianzar nuestra confianza crea la sensación interna de seguridad que necesitamos para practicar la conciencia y la honestidad. La confianza fundamental nos permite reconocer el papel que hemos desempeñado en la pérdida del propio Ser. Hay tres tipos de papeles que podemos desempeñar:

1. Víctima: es alguien que experimenta la pérdida del propio Ser como consecuencia de acontecimientos fuera de su control (por ejemplo, un trauma) que han alterado su sentido del Ser. Es importante señalar que no creo que podamos ser víctimas de la pérdida del propio Ser a largo plazo (véase el n.° 3), porque eso implicaría que hay contextos que nos eximen de nuestra responsabilidad de forma permanente.

2. Agente: es alguien cuyas propias decisiones lo han llevado a experimentar una pérdida del propio Ser (por ejemplo, la traición a uno mismo).

3. Ambos (víctima y agente): es un individuo que ha experimentado acontecimientos fuera de su control que a su vez han alterado su sentido del Ser, pero que también ha tomado decisiones que han perpetuado la pérdida del propio Ser.

Podría decirse que la mayoría pertenecemos a la tercera categoría.

Por eso, en mi primera sesión con cada cliente, siempre empiezo con la misma actividad, un ejercicio que me ayuda a comprender la forma en que la persona ve y experimenta su Yo (o no). Se llama «línea de vida»,* y la dinámica es muy simple. Le pido al cliente que me cuente todos y cada uno de los momentos significativos que le han ocurrido, desde su nacimiento hasta ahora (¡he dicho que era simple, no fácil!). Las experiencias no tienen por qué ser significativas desde lo «objetivo», solo deben ser las más destacadas para ellos. He oído de todo, desde que los mandaban a la cama con hambre hasta divertidos recuerdos de nadar con su padre, y lo maravilloso es que no importa de qué se trate el momento. Lo que importa es el significado que el cliente le ha atribuido; el reconocimiento de que estas experiencias han «moldeado» la persona que son.

¿Quieres probar esta actividad? Saca un trozo de papel y dibuja en él una línea horizontal larga. Escribe «cero» al comienzo de la línea y tu edad actual al final. Luego, para marcar cada momento, traza una línea vertical (hacia arriba o hacia abajo, según haya sido positivo o negativo) y escribe el año, una palabra que describa el momento y otra que resuma el impacto o el sentimiento. Este es un gran ejercicio para darle espacio a tu Yo para reflexionar sobre tu existencia, tus patrones, tus relaciones, tu resiliencia, tus heridas y tus momentos formativos. A ver qué pasa. Fíjate si comprendes en más profundidad quién eres, aunque ahora

---

* Aprendí esta actividad de terapia cognitivo-conductual de mi supervisora de prácticas durante la primera semana en que atendí a clientes. Desde entonces, he seguido modificándola para hacerla mía y para que se adapte a cada uno de mis clientes.

sientas algo de desorientación. Recuerda que tal vez no comprendas a tu Yo porque tal vez no entiendas todas las circunstancias que te llevaron a ser quien eres ahora. Tómate unos minutos para reflexionar sobre todos los momentos, grandes y pequeños, que te han llevado a estar donde estás en este instante.

LÍNEA DE VIDA

MOMENTOS POSITIVOS

3 AÑOS
Tomé un helado
con mi padre.
(seguridad)

12 AÑOS
Me regalaron una
cámara de vídeo.
(creatividad)

18 AÑOS
Me mudé a Nueva York
para ir a la universidad.
(entusiasmo)

**EDAD
ACTUAL**

0

9 AÑOS
Sufrí un accidente de coche.
(miedo)

16 AÑOS
Mis padres se divorciaron.
(desconfianza)

MOMENTOS NEGATIVOS

DEBEMOS SER LOS PROTAGONISTAS DE NUESTRA VIDA

Una vez más, me tomaré la libertad de ilustrar una idea importante con una escena de una comedia romántica muy conocida, esta vez *The Holiday (Vacaciones),* [40] protagonizada por Kate Winslet y Cameron Diaz. En una escena, Iris (una de las protagonistas, que lucha por superar un amor no correspondido y es interpretada por Winslet) está hablando con su nuevo amigo Arthur Abbott (un famoso guionista de unos noventa años) acerca de su vida. Él la escucha atentamente y luego responde:

> ARTHUR: Iris, en las películas están las protagonistas y las amigas de la chica. Tú, te lo aseguro, eres una protagonista, pero no sé por qué actúas como la amiga de la chica.
>
> IRIS: Tiene razón. ¡Una debe ser la protagonista de su propia vida, por el amor de Dios! Llevo tres años yendo a una

psicoterapeuta y nunca me ha explicado nada con tanta claridad. Ha sido magnífico. Brutal, pero magnífico.

¿Sabes quién protagoniza tu vida?

Imagina ver una película sin protagonista. ¿Hasta qué punto sería confuso seguir la trama o entender de verdad la historia, el contexto o la perspectiva de la película? Del mismo modo, en la vida, dejamos de entender lo que significan de verdad nuestros actos, decisiones y emociones si no estamos conectados con nuestro Yo, es decir, si no estamos viendo nuestra propia vida como una película significativa y genuina de la que somos protagonistas.

Ser protagonista de tu propia vida, de tu propia historia, no significa ser una persona egocéntrica, sino ser consciente de ti y estar en sintonía contigo. Y solo a través de nuestros «actos» transformamos la autoconciencia en autosintonía.

Un año después de empezarme a visitar con mi terapeuta, recuerdo que estaba sentada en un banco, con mi diario en la mano, llorando de frustración porque no sabía qué me pasaba ni por qué aún no me había «curado». Había hecho todo lo que creía que debía hacer. Había dejado mi matrimonio infeliz, había empezado a hacer terapia, llevaba un diario y viajaba. Hice todos los cambios que se me ocurrieron, así que ¿por qué seguía sufriendo? ¿Por qué seguía perdida?

En aquel momento de mi vida, me urgía purgar todo mi dolor, curarlo todo, de inmediato. Estaba «corrigiendo» todos los errores importantes que había cometido, pero seguía sin encontrarme plenamente con mi Yo. Lo que veo ahora es que quería reconocer mi esencia, pero quería hacerlo sin acercarme demasiado a ella (lo cual, debo señalar, es una tarea imposible). Estaba lista para que el «trabajo» terminara de una vez, pero no había hecho más que empezar, y en ese momento no sabía que nunca terminaría.

Incluso después de un año de hacer terapia de forma intensiva y realizar cambios deliberados en mi vida, no podía darle a mi vida un consentimiento interno sin reparos. Pasaron muchos años más antes de que eso ocurriera. Y, aun así, el tiempo que he pasado reconstruyendo la relación con mi Yo no ha sido tiempo perdido. Necesito que sepas que, si sientes que estás dando tumbos a oscuras, este tiempo sigue siendo sumamente valioso, sigue siendo importante, no es un desperdicio. «Aprender» a vivir como mi Yo era la lección y también el objetivo.

Tal vez hayas intentado cultivar tu sentido del Ser escuchando o apaciguando a los demás. Quizás antes sabías quién eras, pero en el camino has perdido de vista quién es esa persona. Tal vez hayas vivido algo que te dejó con la sensación de que eres una versión diferente de tu Yo. Puede que la vida nunca te haya dado espacio para descubrir quién eres… o puede que nunca te haya importado descubrirlo. Más allá de por qué estés experimentando las consecuencias de la pérdida del propio Ser, tienes la posibilidad de hacer algo al respecto.

Resulta reconfortante saber que hemos moldeado versiones anteriores de nosotros mismos (aunque no nos sirvan). ¿Por qué? Porque eso significa que tenemos el poder de moldear a la persona que queremos llegar a ser.

La vida no consiste en centrarse únicamente en tu Yo, pero quiero que sepas que está bien pensar en él, darle prioridad e incluso amarlo. También quiero o, mejor dicho, necesito que sepas que no hay otra forma de existir de verdad.

LA DURA VERDAD

Si no reconoces con sinceridad el recorrido que te ha traído hasta aquí, nunca cambiarás la historia.

RECUERDA

Debes ser el protagonista de tu propia vida.

5. ¿Qué hace la sociedad para perpetuar la pérdida del propio Ser?

Sam tenía casi cuarenta años cuando vino a verme por primera vez. Sufría mucho, aunque nadie lo habría imaginado (yo lo sospeché al ver que estaba haciendo terapia, claro). Durante nuestras dos primeras sesiones, se presentó como una cliente «ideal»: llegaba siempre puntual, me saludaba con entusiasmo y me preguntaba cómo me había ido ese día, traía los deberes hechos y expresaba todas sus ideas con elocuencia y claridad. Era maravillosa, y enseguida me empecé a preocupar por si aquello era una actuación. No tildé sus esfuerzos de poco genuinos, pero sí me preocupaba que sintiera que tenía que hacer o «ser» ciertas cosas para cumplir con las expectativas o emular a una «buena» clienta.

Cuando empezamos a trabajar juntas, me di cuenta de que Sam se disculpaba cuando lloraba o decía palabrotas, y se preocupaba porque no era así como «debía» comportarse. Pronto sentí curiosidad por las expectativas y «reglas» que parecían guiar su vida, sus interacciones y, lo más importante, su sentido del Ser.

Una de las muchas maravillas de la relación terapéutica es que brinda un espacio único para que los clientes imiten o reflejen su experiencia con los demás; por lo general, de forma inconsciente. Este proceso permite al terapeuta comprender poco a poco cómo se muestra el cliente, cómo se relaciona con los demás y cómo experimenta su propio mundo interior. En cuanto a Sam y yo, enseguida me pareció que ella venía a terapia con un «guion» establecido, el que usaba con todas las personas de su vida. Si bien no podía estar segura, sabía una cosa: yo no estaba viendo a la Sam real. Más bien, observaba a quien ella creía que tenía que ser. Cuando empezamos a desentrañar su crianza, poco a poco fuimos revelando marcos culturales y religiosos muy estrictos. Sus padres adoptivos habían hecho hincapié en la importancia de la obediencia y el altruismo por encima de todo. Esos eran los dos principios que habían guiado su vida, y, posiblemente, la habían arruinado. Todo su guion se reducía a una sola exigencia, a una imposición concreta y, por desgracia, muy común: «Compórtate bien».

Para ella, su valía se apoyaba en ser útil, necesitada o deseada por los demás. Se le pidió que se valorara, pero que guardara silencio cuando se traspasaran sus límites. Se le enseñó que debía sonreír y ocultar sus heridas, sus sentimientos y su poder. Se esperaba de ella que siempre diera más de lo que recibía. Ella corporeizaba lo que los demás necesitaban que fuera. Se le pidió que fuera atractiva pero inocente; sexy pero no sexual. Aprendió a entender el placer como algo que ofrecía, no algo que recibía. Se esperaba de ella que consiguiera mucho, pero que nunca hablara de ello (¡porque el orgullo es indecoroso!). Siempre estaba arreglada: su cuerpo seguía las tendencias, la forma y el peso deseados del momento. Se le pidió que tuviera confianza en sí misma, pero sin intimidar a los demás. Era educada, elocuente y culta, pero se esperaba que por lo general se abstuviera de decir lo que pensaba. No contestaba ni se enfrentaba a los demás y, lo más importante, como se comportaba bien, hacía lo que le decían.

Incluso con treinta y pico años, Sam, casada y con tres hijos, seguía respetando estas normas. Eso se debe a que el conformismo no tiene fecha de caducidad; no hay una edad determinada en la que la sociedad nos libere. Las vulneraciones en forma de presión de grupo, vergüenza y expectativas persisten a lo largo de nuestra vida, y van cambiando de forma para reflejar las diferentes etapas vitales.

En el caso de Sam, cumplir las expectativas fijadas por la sociedad le daba una sensación de logro y unos segundos fugaces de aceptación. No se dio cuenta de que había renunciado a la responsabilidad, a la capacidad de elegir y al poder hasta que comprendió la inautenticidad en la que estaba sumida.

Un día, después de alrededor de un año de trabajo en conjunto, Sam empezó la sesión irrumpiendo en la sala y exclamando:

—¡Vas a estar muy orgullosa de mí!

La verdad es que ya me sentía orgullosa de ella semana a semana, pero igualmente quería saber lo que iba a decir. (Además, las chicas que «se comportan bien» no suelen felicitarse a sí mismas, así que tenía muchas ganas de saber a dónde iba esto).

—He puesto mi primer límite... —me dijo—, el primero de toda mi vida. Tengo treinta y nueve años, ¡y nunca había puesto un límite hasta hoy!

Tenía razón; no podía estar más orgullosa de ella.

El jefe de Sam le había pedido que asumiera una responsabilidad que no le correspondía y que asistiera a reuniones fuera de su horario de trabajo (cosa por la que nunca le habían pagado). Antes, ella hacía lo que se le pedía sin chistar, pero ese día en concreto dijo: «Mi carga de trabajo ha llegado a su límite y no estaré disponible para la reunión de las siete de la tarde». Y, para su sorpresa, no fue el fin del mundo.

A partir de ese momento, empezó a cuestionarse lo que significaba «comportarse bien». No solo se cuestionó lo que su familia consideraba bueno, sino lo que la sociedad etiquetaba como tal. Se preguntó por qué de niña la recompensaban por su conformidad irreflexiva (y sumisión al patriarcado). ¿«Quién» había decidido la persona en la que ella se convertiría? ¿Dónde estaba su libertad: la había perdido en serio o simplemente no la había usado? ¿Cómo llegó a fundirse con los «otros» de la sociedad sin ser consciente de que lo estaba haciendo?

Desde luego, Sam no es la única a quien le ocurre esto. Heidegger escribió sobre este fenómeno de perderse en los «otros» de la sociedad. [41] Si prestamos suficiente atención, nos daremos cuenta de cómo las marcas comerciales, las instituciones, los familiares, etc. muchas veces intentan «quitarnos» la carga de tomar decisiones en nuestra vida cotidiana. En algún momento, incluso podemos llegar a dudar de quién ha tomado nuestras decisiones en realidad. **¿Cómo hemos llegado a este punto? ¿Es esto lo que queremos? ¿Es esta la persona que somos?** Es fácil dejarse arrastrar por la sociedad, renunciar a la capacidad de acción y hundirse más en la inautenticidad (o, peor aún, en la pérdida del propio

Ser). Según Heidegger: «Este proceso puede revertirse [...]. Deberá llevarse a cabo como una compensación de la falta de elección».[42]

En otras palabras, en nuestra sociedad ya no sentimos la responsabilidad de elegir en quién nos convertimos. Los otros lo «decidieron» por nosotros. La sociedad nos moldea debido a nuestra pasividad. La sociedad nos ha dado «permiso» para ser inauténticos, lo que nos hace estar aún más perdidos. Podremos ser nuestro Yo cuando reconozcamos la diferencia entre «yo» y «ellos» y participemos activamente en la creación de lo que somos.

La mayoría esperamos que los otros nos brinden su apoyo, pero en lugar de eso nos sentimos desanimados y traicionados por la gente que nos rodea. Ahora estamos desesperados por desaprender todas las lecciones acerca de la persona que nos dijeron que fuéramos. Y esta es la dura verdad que no podemos ignorar: todos somos parte de los «otros» de la sociedad. Todos hemos actuado como uno de los «otros» para alguien. Nuestros actos no solo nos moldean a nosotros, sino que también pueden tener un verdadero impacto en quienes nos rodean. Todos hemos hecho, enseñado o modelado cosas a otras personas que tendrán que desaprender o de las que tendrán que recuperarse.

Como parte de una sociedad, se nos dan personas y tendencias a las que aspirar, pero pocas veces estas se alinean con nosotros. Sin embargo, lo aceptamos todo porque queremos pertenecer a ciertos grupos o, a veces, porque no nos molestamos en averiguar qué es lo que sí se alinea con nosotros (y, en consecuencia, terminamos perpetuando el problema para las generaciones futuras). Lo más difícil para Sam fue «reconocer» que sus «círculos íntimos», así como la sociedad en general, habían intervenido en la pérdida de su propio Ser y se habían beneficiado de esta. Y, al ser quien ellos necesitaban que fuera, Sam los eximió de la responsabilidad de sus actos (siempre fingió que todo estaba bien); los ayudó a proteger la idea que tenían sobre cómo eran los padres de Sam (ella nunca desarrolló una idea propia), y los demás se aprovecharon de los talentos, generosidad y destrezas de Sam para beneficio propio (le enseñaron que hacerles la vida más fácil debía ser una de sus principales prioridades).

Sam era alguien en quien podían contar, pero a quien no se molestaban en conocer.

El caso de Sam no es el único. Muchos cargamos con nuestra propia versión de lo que significa comportarnos «bien» en lugar de ser nosotros mismos. Se nos anima a comportarnos bien, a ser buenos vecinos, buenos creyentes, buenos empleados, buenos estudiantes, buenos hijos o padres, etc. Lo peligroso es que también hemos empezado a atribuir valores morales implícitos a las etiquetas; es decir que, si fracasamos, si nos negamos a comportarnos como se espera de nosotros o a estar a la altura de las numerosas expectativas ajenas, se nos considera «malos». Si obedecemos y cumplimos, se nos considera «buenos». El sistema no se creó en favor de la autenticidad, y las personas que consiguen corporeizarla suelen ser víctimas de la crítica moral y la resistencia social, cuando no de la condena. Y esto comienza a temprana edad. A la mayoría nos han dicho que estábamos «equivocados» o que teníamos que «cambiar» cuando éramos niños, incluso antes de que tuviéramos la oportunidad de crear realmente a la persona que somos. Se nos calificaba de «malos» por explorar, expresarnos y colorear fuera de las líneas. Desde el inicio de la infancia, se nos presentó la disyuntiva de elegir entre la conformidad o el rechazo.

Quiero aclarar que la necesidad de ser aceptados es normal, y no es algo que debamos demonizar. Pero la magia y nuestra libertad residen en la posibilidad de elegir de quién buscamos y recibimos aceptación.

REQUISITOS PARA TENER SENTIDO DEL SER

Según Rollo May, «todo ser humano debe llegar a un punto en el que se enfrente a la cultura y diga: "Así soy yo, y el mundo se puede ir al diablo"».[43]

Esta forma de pensar es tentadora y entusiasta, pero poco realista.

Si bien no podemos rendirnos a la inautenticidad fomentada por las estructuras sociales, tampoco podemos ignorarla por completo.

En el análisis existencial, vemos el propio Ser en términos de dos polos, o «espejos», que se clasifican en interno y externo y que son importantes para nuestra visión del Yo. El polo interno nos refleja cómo experimentamos nuestro Yo y también evalúa hasta qué punto el reflejo «externo» coincide con nuestra propia evaluación. El polo externo nos muestra qué parte de nuestro Yo se nos devuelve como reflejo a través de, por ejemplo, las relaciones, los resultados y los logros. Luego, se nos pide que volvamos a reflexionar sobre quiénes somos y si el reflejo externo concuerda con la nueva forma en que nos concebimos. Es un círculo, un ciclo. Sin el polo externo, podemos volvernos soberbios, engreídos o tener tendencias narcisistas. Sin el polo interno, podemos «perdernos». Sencillamente, como Längle dijo una vez en clase, «no existe el Yo sin el "otro"». Todos necesitamos un espejo para ver quiénes somos. Pero ¿qué ocurre cuando el espejo se deforma?

Imagina que te estás preparando para un evento importante. Sales de casa con actitud cómoda y confiada, esperando saber lo que dirán o pensarán los demás cuando te vean. Al llegar, te das cuenta enseguida de que nadie te mira a los ojos. Parece que pasan por tu lado a toda prisa, te miran con incomodidad y a veces incluso se ríen. Bajas la mirada, pero no ves nada raro. Varios minutos después, un niño corre hacia ti y te pregunta con inocencia: «¿Por qué te has vestido así? Es gracioso». Presa del horror, corres al baño y te miras en el espejo de cuerpo entero, pero lo único que ves es a ti. No puedes ver lo que otros parecen ver. Te armas de valor y le pides a una persona que está cerca de ti, claramente juzgándote, que te describa lo que llevas puesto. Esta te mira de arriba abajo y, con cara de desdén, responde: «Un disfraz de payaso».

¿Qué ocurre cuando actuamos con autenticidad y esta no es aceptada? ¿Qué ocurre cuando la forma en que vemos nuestro Yo no es la forma en que nos ven los demás? Tal incongruencia sacude nuestra comprensión de quiénes somos. Nos hace cuestionar lo que «vemos». Y, en el peor de los casos, nos hace actuar de un modo que se corresponde con cómo nos ven los demás. «Si los demás ven un payaso, seré un payaso». La búsqueda y la creación del propio Ser se vuelve más difícil si los demás siguen exigiendo, recompensando y reflejando versiones inauténticas de nosotros. ¿Y si nuestros mentores, los modelos a seguir o la comunidad tienen nociones preconcebidas de lo que deberíamos ser?

En distintos ámbitos de nuestra vida, estas exigencias pueden sonar a algo así:

- Sistema familiar: «Sé como eres, pero solo si no te apartas de las normas familiares; y no dejes de respetar las reglas de la familia».
- Instituciones: «Sé como eres y busca ser original, pero no cuestiones el sistema».
- Marcas comerciales: «Sé como eres, pero solo de esta manera muy concreta (que puedes lograr si compras estos productos o adoptas estas ideas)».
- Amigos: «Sé como eres, pero solo si eres igual que nosotros».
- Comunidad: «Sé como eres, pero solo si eso no nos molesta o no nos cuestiona».

Sin embargo, el riesgo de la pérdida del propio Ser no reside simplemente en que tal vez ignoremos por completo quiénes somos. Heidegger decía que «las interpretaciones incorrectas, los malentendidos, ponen obstáculos mucho más obstinados a la cognición auténtica que un estado de absoluta ignorancia».[44]

En nuestra vida cotidiana, tenemos un sinfín de oportunidades de malinterpretar nuestro Yo. Los seres humanos tenemos una increíble y desconcertante capacidad de alterarnos, enmascararnos y cambiar de forma para satisfacer las estructuras familiares, las comunidades, las relaciones y cualquier otra necesidad o demanda que pueda estar presente en un contexto determinado. Debido a nuestra capacidad, y en muchos casos a nuestra voluntad, de editarnos a nosotros mismos, podemos generar una gran confusión interior. Cuando nuestras acciones son incongruentes con la forma en que percibimos nuestro Yo, o con lo que creemos que está bien o mal, terminamos cuestionándonos quiénes somos.

Para comprender nuestro profundo carácter distintivo, nuestra relevancia y nuestro sentido, y para poder corporeizar nuestro auténtico Yo, necesitamos que se cumplan tres requisitos previos: la «atención», el «reconocimiento» y la «justicia», que trataré en detalle en las próximas páginas. La sociedad suele darnos estos elementos de un modo que refuerza lo que la «sociedad» quiere que seamos, en lugar de lo que somos «nosotros». Por desgracia, nuestras comunidades no siempre integran ni aceptan a todo el mundo; por lo tanto, no todos pueden ser quienes son sin correr riesgos. Es cierto que la sociedad da atención, reconocimiento y justicia, pero no a todos ni tampoco por igual.

Entonces, ¿qué podemos hacer para expresar nuestro Yo dentro de una estructura tan disfuncional?

En primer lugar, debemos encontrar un «espejo» claro dentro de la sociedad, es decir, personas que estén dispuestas a conocernos lo suficiente para devolvernos una imagen precisa de nosotros mismos y darnos permiso para expresar nuestro Yo. Hablo de personas dispuestas a vernos. Y depende de nosotros elegir «quién» queremos que tenga un impacto en nosotros, porque inevitablemente alguien, o algo, lo tendrá, para bien o para mal.

A continuación, tenemos que estar dispuestos a aceptar la atención, el reconocimiento y la justicia de los demás y también dárnoslos a nosotros mismos. Eso es lo que dificulta el proceso: debemos recibirlos tanto interna como externamente. La relación más importante que tendremos en nuestra vida es con nuestro Yo, pero esta relación no es independiente de los demás. Es nuestra responsabilidad decidir de quiénes nos rodeamos. Así, decidimos quiénes queremos que nos den atención, reconocimiento y justicia, y qué vamos a hacer con ellos. Se trata de mucho más que de nuestras preferencias; se trata de «moldear nuestra propia existencia». Elegir de quiénes nos rodeamos, hasta cierto punto, es elegir en quiénes nos convertimos.

Repasemos estos requisitos previos para tener un sentido del Ser.[45]

Atención

Todos tenemos la necesidad de ser vistos. La atención, es decir, que alguien reconozca y valide que, de hecho, existimos, es fundamental para nuestra vida. Si se nos ha privado de atención genuina, si se nos ha ignorado, puede que nos conformemos con que simplemente se den cuenta de que estamos ahí. La diferencia entre que alguien note nuestra presencia y que nos dé su atención es similar a la diferencia entre mirar y observar. Podemos mirar algo sin registrarlo ni comprenderlo, mientras que observar implica mirar con intención; observar implica «comprender». La verdadera atención consiste en que las personas que nos conocen nos perciban, nos conozcan y nos reconozcan por lo que somos en realidad.

Se trata de que nos vean de una manera que se alinee con cómo vemos nuestro Yo, con los defectos, las fortalezas, las experiencias y todo lo demás. En otras palabras, solo experimentamos atención genuina cuando la persona está en sintonía con lo que somos, de verdad: cuando su comprensión de nosotros refleja la forma en que entendemos nuestro Yo. (Consejo: si te cuesta diferenciar la atención genuina de que simplemente noten tu presencia, en lugar de preguntarte: «¿Me están prestando atención?», intenta preguntarte: «¿Están en sintonía con quien soy? ¿Tengo la sensación de que me conocen?»).

Los «buscadores de atención», por lo general, no son personas con el ego inflado, sino más bien personas con un sentido precario del Ser: buscan que los demás definan o validen su Ser. Como ya he dicho, muchos crecimos sin que se escucharan nuestros deseos, emociones, necesidades u opiniones. Tal experiencia nos lleva a una mentalidad de escasez, que a su vez nos lleva a competir por la atención. La herida que muchos compartimos ha creado una cultura que nos obliga a exhibir nuestras diferencias, nuestro dolor y nuestras vulnerabilidades en un esfuerzo por ser «interesantes» para que los demás noten nuestra presencia en un mundo abarrotado.

¿Acaso no es devastador vivir en un mundo como este, en el que no se valora nuestro Yo sino nuestra capacidad para captar y mantener la atención de los demás? Y, finalmente, cuando los algoritmos nos favorecen y conseguimos que un desconocido, un compañero cualquiera de la secundaria o una persona que conocimos en un bar noten nuestra presencia, la conexión es tan superficial como la satisfacción fugaz que conlleva. Es un ciclo de decepción que nunca acaba.

En definitiva, la *única* forma de sentirnos comprendidos por los demás es si comprendemos nuestro Yo. La responsabilidad es nuestra y, como seguiré diciendo, no siempre es fácil (de hecho, no suele serlo). Estar ocupados se ha convertido en una forma admirable de evadir a nuestro Yo. Para expresar el Yo, debemos dejar de lado el ruido, las exigencias y las expectativas para poder estar quietos, callados y presentes. Significa superar la tentación constante de escapar, ignorar o adormecernos ante la experiencia. **La verdadera atención propia requiere de percepción propia.** Debemos ser conscientes y observadores para que, finalmente, podamos experimentar quienes somos con plenitud.

Queremos que los demás nos vean como nosotros vemos nuestro Yo. Pero eso solo es posible si sabemos cómo somos. De lo contrario, exhibiremos una imagen incongruente que los demás no podrán comprender. A cambio, nos devolverán una imagen fragmentada o proyectada. Pero la mayoría aceptamos lo que sea que nos den, porque una persona que busca atención con urgencia no es más que un ser humano con una necesidad insatisfecha de ser visto.

Las redes sociales, por ejemplo, prometen satisfacer esta importante necesidad humana de ser vistos y muchas veces nos hacen sentir que así sucede, pero la sensación es temporal. Lo que las redes sociales en realidad ofrecen es un sinfín de oportunidades para que los demás noten nuestra presencia. Ofrecen atención en forma de elogios y validaciones de nuestro aspecto, rendimiento o capacidad de entretener, generalmente por parte de conocidos o absolutos desconocidos. Se dan cuenta de que existes, pero no perciben quién eres en realidad (a decir verdad, sería difícil que lo percibieran en ese tipo de contexto). Tales contextos y plataformas comenzarán a moldear a la persona en quien nos convertimos, pero simplemente reforzando ciertos aspectos nuestros e ignorando otros. Con el tiempo empezaremos a hacer lo mismo, distorsionando aún más nuestro sentido del Ser.

Justo antes de abrir mi cuenta de Instagram, tuve una sesión de consulta con una compañera terapeuta que estaba más avanzada en el uso de las redes sociales. Me aconsejó que encontrara mi voz y me apoyara en ella. Me resultó interesante, y también extraño, pensar en lo que eso significaba. «¿Cuál es mi voz?», pensaba. Cuanto más intentaba expresarla a la perfección, más confundida me sentía.

Al final dejé de preguntarme: «¿Cómo debería ser Sara la "terapeuta"?» y empecé a preguntarme: «¿Cómo puede explicarse este momento y/o este fenómeno de la forma en que yo lo entiendo?». Fui dando a la gente información tal como yo la veía y entendía y, sin saberlo, les permitía vislumbrar mi verdadero Yo. Dejó de tratarse de una noción preconcebida del Yo que intentaba captar para transmitir a los demás. Dejé de intentar ser la persona que imaginaba que los seguidores buscaban. Lo que importaba era la «sintonía».

En resumen, dejé de preguntarme: «¿Cómo me experimentará la gente?» y empecé a preguntarme: «¿Cómo experimento mi Yo?».

Recuerdo una sesión particularmente difícil con una clienta. Erin estaba sentada frente a mí, angustiada, explorando una vieja herida que yo la estaba ayudando a desentrañar. Era una herida que habíamos abordado varias veces, pero esta vez por fin estaba dispuesta a afrontarla de verdad. Sus sollozos reflejaban la sensación de que no la veían. Con palabras llenas de dolor, explicó que no recibía atención de su familia, sus amigos, exparejas o, incluso ahora, de desconocidos en un bar. Yo estaba desconcertada. ¿Por qué los demás no veían lo mismo que ella? ¿O por qué no veían lo que yo veía?

Llevábamos ya varios meses trabajando juntas y, aunque sentía profundamente su dolor, me di cuenta de que ocultaba sus sentimientos, sus opiniones y su cuerpo a los demás. Me dio la sensación de que en realidad no estaba mostrando su Yo. Nuestra conversación fue más o menos así:

ERIN: Me siento invisible [sollozando por lo bajo]; nadie me ve. Nunca nadie me ha visto.

Yo: Lo siento, eso suena muy doloroso.

ERIN: [Asiente con la cabeza y se enjuga las lágrimas].

Yo: [Guardo silencio por unos segundos]. Me pregunto lo siguiente: ¿tú «quieres» que te vean?

ERIN: [Con un destello de sorpresa y una larga pausa]. Sí… Bueno, a ver, todo el mundo quiere ser visto.

Yo: [Asiento con la cabeza].

ERIN: [Se queda con la vista perdida, después empieza a llorar de nuevo]. Quizás yo no. No, no quiero que me vean.

Yo: ¿Qué piensas que van a ver? O ¿qué te da miedo que vean?

ERIN: No van a ver nada. Van a ver que no soy nada.

Yo: Mmm. ¿Y tú? ¿Qué ves?

ERIN: Nada.

Ah, ahí está. El miedo que nos impide mostrarnos. **No podemos esperar que nos den atención si no estamos presentes.** Debemos mostrarnos, mostrar nuestro verdadero Yo, para que nos vean. Si tenemos miedo de no tener «nada» dentro, puede que intentemos por todos los medios que no se nos devuelva esa imagen de nosotros. Pero la verdad es que, si no vemos «nada», entonces no estamos mirando nuestro Yo. Es probable que estemos ciegos y no lo veamos: un grueso velo de dolor, negación y fracaso, nos hace creer que estamos huecos.

Hablamos de nuestra necesidad de ser vistos, pero también debemos reconocer la dificultad que entraña. Ser visto da pie a la «vulnerabilidad», se corre el riesgo de sufrir rechazo... ¡da miedo! Y hay que reconocer que muchos preferiríamos ser rechazados por lo que no somos que por lo que somos.

¿Qué piensas acerca de que te vean como eres de verdad? Las siguientes son algunas cuestiones sobre las que conviene reflexionar:

- ¿Crees que tienes que competir por la atención? Si crees que sí, ¿con quién tienes que competir?
- ¿Puedes distinguir la diferencia entre que las personas te vean y que noten tu presencia?
- ¿Tienes miedo de que te vean? ¿Por qué?
- ¿Qué cosas suelen notar las personas acerca de ti?
- Cuando te miras, ¿qué ves?
- ¿Qué quieres mostrar a la gente?
- ¿Qué parte de ti recibe más atención?
- ¿Qué parte de ti intentas ocultar?
- ¿Quién te presta más atención de verdad?

Reconocimiento

El reconocimiento no es lo mismo que la atención. Todos sabemos (probablemente) que ser «percibidos», es decir, recibir atención, no es lo mismo que ser «valorados». El reconocimiento constituye un paso más allá de la mera percepción. Una vez que se nos ve de verdad, nuestro valor inherente también debe ser reconocido. Eso no se logra recibiendo un halago espontáneo o un agradecimiento entusiasta. No se trata de un reconocimiento pasivo de nuestra calidad, nuestras aportaciones o nuestro éxito. Es más bien una postura activa que nace de la sintonía y de «conocer» la valía de la persona. En el análisis existencial, describimos el reconocimiento como la defensa de los atributos positivos de una persona: es un «acto» basado en la convicción.

Por desgracia, es común que se nos reconozca por lo que podemos hacer por los demás, y rara vez por lo que somos. En concreto, en nuestra sociedad acelerada, es común que se nos reconozca por nuestra «utilidad» en lugar de nuestra humanidad. Este tipo de reconocimiento nos pone en riesgo de convertirnos en alguien que no somos. Puede cambiar la forma en que comprendemos el Yo, y terminamos centrándonos en los demás en lugar de centrarnos en nosotros mismos: empezamos a identificar nuestro sentido del Ser en comparación con los demás, para los demás y según indican los demás. Es más probable que permitamos que otros nos digan quiénes debemos ser si creemos que seremos recompensados, es decir, reconocidos, por representar ese papel o a ese personaje.

Sin embargo, lo que la gente, o la sociedad, nos pide y espera de nosotros cambia todo el tiempo. Hace treinta años, a los veinticinco, «debíamos» estar casados, tener una bonita casa, ingresos estables, dos hijos (un niño y una niña) y algún tipo de mascota (preferiblemente un *golden retriever*). La monogamia solía ser la única estructura de relación aceptable; ahora puede parecer que ni siquiera es la preferida. En cambio, a muchos se nos dice que «deberíamos» querer explorar relaciones sin ninguna estructura establecida, trabajar de forma remota, viajar por el mundo, tener presencia en las redes sociales, invertir en criptomonedas, trabajar motivados por la pasión y no por los ingresos y, de ser posible, no trabajar a tiempo completo. En nuestra cultura actual, es común recibir reconocimiento por ser populares y poco convencionales, y por tener éxito económico.

Todos queremos que nos reconozcan, así que hacemos lo que se espera de nosotros y permitimos que nos definan unas normas arbitrarias. Al igual que los estándares corporales, nuestras tendencias de estilo de vida son dictadas y cocreadas por los otros. Si bien no podemos escapar a las expectativas, sí podemos elegir no cumplirlas. Podemos elegir que nos reconozcan por lo que somos, en lugar de que nos reconozcan por las casillas que hemos marcado.

Es interesante que en la sociedad actual se avergüence a la gente por centrarse demasiado en sí misma, cuando en realidad la mayoría piensa en sí misma principalmente en función de cómo la ven los demás. En mi opinión, la mayoría no nos centramos lo suficiente en nosotros mismos, no de verdad. Nos cuesta reconocer en serio nuestro Yo porque nos cuesta percibir y aceptar quiénes somos. Carl Jung dijo que «lo más aterrador es aceptarse a uno mismo por completo». Eso sucede porque implica dejar de ocultar o negar aspectos de nuestro Yo. Y, sin embargo, en lugar de aprender el arte de la autoaceptación, nos enseñan a ganarnos la aceptación de los demás o a comprarla. Se nos anima a «arreglar» o a encubrir nuestros «defectos», en lugar de practicar la honestidad y la vulnerabilidad.

Pero quiero dejar algo claro: **no se trata de dejar de buscar la validación externa; se trata de buscar la validación interna por encima de la externa.** Si cambiamos de acuerdo al reconocimiento de los demás, permitiremos que sus opiniones y sentimientos nos lleven a la inautenticidad o incluso a la pérdida del propio Ser... una y otra vez.

Para empezar a diferenciar las opiniones internas de las externas, es importante tener en cuenta las exigencias y «sugerencias» de la sociedad que hemos internalizado. Las siguientes son algunas preguntas que puedes hacerte:

- ¿Quién creo que «debería» ser?
- ¿Qué me han enseñado sobre género y sexualidad?
- ¿Qué aspecto creo que deber tener mi cuerpo? ¿Por qué?
- ¿Cuál creo que debe ser mi rol en la sociedad?
- ¿Por qué me han elogiado o castigado?
- ¿Qué me han enseñado a querer?
- ¿Qué me han enseñado a temer?
- ¿Cómo defino el éxito?

¿Cuál es tu concepto del reconocimiento? Aquí tienes más preguntas para reflexionar que te ayudarán a identificarlo.

- ¿Qué personas de mi vida me dan reconocimiento?
- ¿De dónde obtengo mi valía?
- ¿Me doy yo reconocimiento?
- ¿Qué cualidades me gustan de cómo soy?
- ¿Qué cualidades dificultan que me dé reconocimiento?

Justicia

Para ser nosotros mismos, para abrazar nuestra humanidad, necesitamos que nos vean, nos reconozcan y nos «traten» como tales. La justicia consiste en estar en sintonía con nosotros mismos, tomarnos en serio y ser tratados justamente por nosotros mismos y por los demás. Hemos empezado a hablar más de la injusticia en la sociedad, pero lo que muchas veces pasamos por alto es la frecuencia con la que nos tratamos injustamente a nosotros mismos. ¿Por qué no podemos darnos compasión y perdón con la misma facilidad que se los damos a los otros? ¿Por qué nos ponemos en último lugar y no nos ocupamos de satisfacer nuestras propias necesidades pero sí nos aseguramos de que estén cubiertas las de los demás? ¿Por qué nos ponemos expectativas que son imposibles? ¿Por qué permitimos que los demás sean humanos pero nosotros no?

Tal vez hayas sufrido un trato injusto debido a tu nacionalidad, el color de tu piel, las creencias que profesas, la deshonra de haberte divorciado, el número que marca tu báscula, la cantidad de dinero de tu cuenta bancaria o tu género o sexualidad. La sociedad ha encontrado un sinfín de formas de «justificar» la injusticia. La ilusoria entidad de los «otros» evalúa y determina nuestra valía y nos trata en consecuencia. Hay una famosa cita atribuida a Kierkegaard que dice: «Lo que me etiqueta me niega». Cuando etiquetamos, nos vemos obligados a reducir. Una vez reducidos a ciertas cualidades, corremos el riesgo de que no se nos den atención, reconocimiento o justicia.

A la mayoría nos modelaron o nos enseñaron la injusticia. Quienes nos criaron pueden haber enfatizado o incluso idealizado el sacrificio propio, inculcando un sentido de justicia al trato injusto. Como mujer serbia, me enseñaron que estoy «por debajo» de cualquier varón, y que mis ideas y opiniones importan menos que las de mis mayores.

Para otros, la injusticia fue circunstancial. No fue justo para mí, cuando era niña, no tener suficiente comida o pasar meses en refugios antiaéreos. No fue justo tener que temer por mi propia supervivencia y la de mis padres. No fue justo que a los ocho años mi regalo de Navidad fuera un bolígrafo mientras que otros niños recibían videojuegos, bombones, muñecas y cualquier otra cosa que pidieran.

A veces somos parte de la injusticia que otros sienten, y debemos trabajar para reconocer que «todos» podemos formar parte de los «otros» de la sociedad. Tal vez nos criaron con un sentido de derecho y privilegio que oprime a los demás. Tal vez nos enseñaron, implícita o explícitamente, que por nuestra nacionalidad, el color de piel, la afiliación religiosa, la situación sentimental, la forma física, los ingresos, el género o la sexualidad, tenemos derecho a ser tratados mejor que los demás. Tal vez nuestro privilegio nos ha hecho creer que el mundo está en deuda con nosotros, que merecemos cosas aunque otros tengan que sufrir para que nosotros las consigamos. Podemos sentirnos con derecho a perpetuar la injusticia, porque creemos que la justicia es solo para nosotros.

Todos los «ismos» que se han ido manifestando a lo largo de la historia, como el racismo, el sexismo, el clasismo, etc., han dificultado, si no imposibilitado, la justicia colectiva. Hemos maltratado a grupos enteros de personas, negándonos a ofrecerles atención, reconocimiento o justicia. No nos hemos molestado en devolverles la imagen de su valía y, sin embargo, cuando tratamos a los demás sin dignidad humana, eso no hace sino quitarnos la nuestra.

SI OTROS TE EMPUJAN HACIA ATRÁS, EMPUJA HACIA DELANTE

El acto de vivir y crear nuestro Yo es intrínsecamente gratificante y satisfactorio. Al mismo tiempo, esa valentía, o tal vez audacia, suele toparse con la «resistencia», el «aislamiento» y el «dolor». Toda decisión, aunque sea auténtica, tiene un coste. Por eso quiero normalizar lo que conlleva habitar nuestro Ser. En general, existen tres tipos de dificultades.

Dificultad n.° 1: la resistencia

Es normal que todos los seres humanos nos opongamos a cualquier cosa que nos resulte desconocida, amenazante o con poco potencial de beneficio. Gravitamos hacia la comodidad, la previsibilidad y la supervivencia. La resistencia de los demás no suele ser malintencionada ni manipuladora,* sino instintiva. Carl R. Rogers, psicólogo estadounidense y fundador del enfoque humanista,** habla del miedo como raíz de la resistencia: [46]

Si me permito comprender de verdad a otra persona, puede que tenga que cambiar por esa concepción. Y el cambio a todos nos genera miedo. Así que, como digo, no es fácil permitirse comprender a un individuo, entrar a fondo, por completo y con empatía en su marco de referencia.

Tenemos que reconocer que la autenticidad puede ser un desencadenante para quienes nos rodean. Nuestra autenticidad puede poner de manifiesto la inautenticidad de otra persona, o puede pedirle que cambie su forma de comportarse con nosotros. Las personas pueden resistirse a nuestro sentido del Ser en un esfuerzo por preservar la homeostasis de la relación y evitar tener que experimentar ellas mismas el cambio. La toma de conciencia y corporeización de nosotros mismos vendrán acompañadas de nuevos límites, niveles más bajos de tolerancia al maltrato (es decir, dejaremos de aguantar estupideces) y estándares más elevados, aunque manteniendo unas expectativas realistas. Estamos cambiando la naturaleza de la relación, los pasos del baile. Si la gente quiere seguir bailando con nosotros, deberán aprender la nueva coreografía. Algunos se mostrarán reacios, mientras que otros al principio nos pisarán los pies o se tropezarán.

---

* Sé que a todos nos encanta centrarnos en los «narcisistas» del mundo, pero imaginemos que estoy escribiendo esto para personas que no son abusivas ni sufren un trastorno de la personalidad.

** Simple y llanamente, la psicología humanista es una perspectiva según la cual los seres humanos, en tanto individuos, son íntegros y únicos. Pone de relieve el valor personal de una persona. La psicología humanista parte del supuesto de que las personas tienen libre albedrío y están motivadas para alcanzar la autorrealización.

Así que no te contengas solo por este inconveniente. Abstengámonos de suponer que quienes al principio muestran signos de resistencia quieren que sigamos siendo inauténticos o que nunca nos aceptarán. Cuando nos acercamos a nuestro Yo con vacilación, indicamos a los demás que todavía hay posibilidades de negociar, cuando en realidad no es así. Incluso un buen cambio casi siempre implica pérdidas y malestar, por lo que debemos dar tiempo a los demás para que lloren la versión anterior de nosotros y la dinámica de relación que teníamos antes.

Sin embargo, si la resistencia de quienes nos rodean persiste, puede que haya llegado el momento de soltar alguna relación en particular. Porque la verdad es que **la resistencia crónica es una forma de rechazo**.

Las siguientes son algunas señales comunes de resistencia de otras personas:

- No dejan de recordarte tu pasado.
- Dicen: «Has cambiado», pero no lo dicen como un halago.
- Desafían o traspasan tus nuevos límites.
- Siguen usando etiquetas o adjetivos que ya no se aplican a ti.
- Te hacen sentir culpable por cuidarte.
- Menosprecian o desestiman tu crecimiento.
- Dicen que tu sentido del Ser es una «etapa pasajera».
- Parece que no te entienden, por mucho que intentes explicárselo.
- Intentan convencerte de quién eres «en realidad».
- Hacen comentarios condescendientes, burlándose de tu verdad.
- Amenazan con poner fin a la relación.

Si tenemos la costumbre de ceder, es de esperar que la gente se resista a que intentemos imponer nuestro verdadero Yo. Es probable que otros solo presionen hasta donde creen que pueden llegar y, por lo general, solo hasta donde les hemos permitido llegar en otras ocasiones. Recuerdo que una clienta estaba visiblemente angustiada —roja, con los ojos llorosos, la respiración agitada y jugueteando con la goma del pelo— mientras hablaba de que iba a encontrarse con su exnovio justo después de nuestra sesión. Hacía tiempo que quería ponerle límites, pero le costaba armarse de valor. Él no había respondido bien a sus intentos anteriores durante la relación, y ahora ella esperaba la misma reacción. En la siguiente sesión, me contó que, a pesar de haber hablado con lágrimas en los ojos y con palabras temblorosas, inconexas y entrecortadas, por fin se había plantado frente a su ex. Para su sorpresa (pero no la mía), él enseguida se echó atrás. A veces, la única razón por la que la gente no respeta nunca nuestros límites es porque nosotros no nos ponemos firmes y no los comunicamos.

No será este el caso en todas las situaciones, pero sí en más de las que pensamos. Muchos no hemos dado a los demás la oportunidad de lidiar con nuestra autonomía. Puede que temamos que se resistan o nos rechacen, pero parte de ser valiente consiste en dar a la gente (que se lo merece) la oportunidad de demostrar que estamos equivocados.

Por último, y sé que esto puede resultar difícil de oír, la cuestión no pasa por «tener derecho» a ser comprendidos. Debemos ser participantes activos; para que nos vean, debemos «mostrarnos». Para atrevernos a mostrarnos como nuestro Yo auténtico y sin reparos, tenemos que soportar la incomodidad de la vulnerabilidad y afrontar el riesgo del rechazo (si la situación nos inspira seguridad; si la persona «merece» ver nuestra vulnerabilidad). Nunca debemos dar por sentado que los demás simplemente «lo sabrán» y que cambiarán sin más su forma de actuar. Algunas personas pueden pedirnos explicaciones y, de acuerdo, no todo el mundo merece recibirlas, pero algunos sí. Solo necesitamos explicarnos en la medida en que eso honre una relación específica (el grado de intimidad y seguridad dictará lo poco o mucho que divulgaremos). Cuando percibimos resistencia, debemos luchar contra el instinto de ignorarla. Para que la relación sobreviva, es importante que ambas partes se esfuercen a fin de superar la transición. Tenemos que tratar a los demás con paciencia y compasión porque no es fácil para ellos, como no lo es para nosotros. Estamos juntos en esto... o no.

También es importante recordar que este proceso no es «para» los demás, y no es algo que podamos hacer «con» los demás. Si intentamos hacerlo así, es muy probable que nuestro cambio deje de estar en consonancia con nosotros, o que descarguemos parte de nuestra responsabilidad en alguien a quien no le corresponde; ninguna de las dos cosas es útil. El proceso es inherentemente «para» ti y «acerca de» ti.

Intenta no enfadarte si la gente no quiere aceptar en quién te has convertido. Como ya dije, no tenemos derecho a que la gente nos acepte, y por lo general es mucho pedir, dado que a la mayoría nos cuesta aceptar nuestro Yo.

Dificultad n. ° 2: el aislamiento

Buscar, crear y corporeizar lo que somos no es, obviamente y por desgracia, un trabajo que podamos delegar. Más allá de nuestros sistemas de apoyo familiares y sociales, la experiencia de por sí es aislante. Otra persona no puede más que guiarnos, animarnos y ser testigo de nuestro proceso: devolvernos la imagen de hasta dónde hemos llegado y de lo que ella ve. Pero, a menos que se haya embarcado en un recorrido similar, que no es el caso de muchos, es posible que no reconozca el nuestro o no se identifique con él.

Este proceso de separación no siempre es del todo deliberado o patente. Puede manifestarse como una ligera sensación de que estamos en una etapa de la vida diferente a la de quienes nos rodean, de que no tenemos de qué hablar con otras personas o de que nuestra visión del mundo se ha alejado de la de nuestros familiares o amigos. Puede consistir en rechazar una invitación, dejar de dar «me gusta» a las fotos de Instagram de otras personas o, finalmente, dejar de pasar tiempo con ellas. Si nos encontramos con esas personas por la calle, quedaremos en «ponernos al día pronto», pero sabremos que es solo una cuestión de cortesía más que de intención. A decir verdad, es posible que al principio nos sintamos un poco solos, incluso tristes.

A medida que decidimos a quién dejamos entrar, quizás nos vayamos alejando de personas que antes ocupaban un lugar importante en nuestra vida. Puede que nuestros amigos o familiares se quejen de que ya no nos «entienden» y no dejen de recordarnos quiénes éramos antes. Puede que esto no sea un signo de resistencia; puede que nos estén diciendo la verdad: simplemente no entienden quiénes somos en este preciso momento.

Durante los cinco años posteriores al ataque de pánico que me transformó la vida, recuerdo que me sentía incomprendida, poco reconocida y poco apreciada. Lo odiaba; me sentía sola por completo. Los demás pensaba que mis decisiones no tenían sentido y, en lugar de sentir curiosidad, me juzgaban. Me juzgaron por divorciarme, por vender todas mis cosas y viajar, por empezar a salir con alguien nuevo, entre otras muchas decisiones que tomé con respecto a mi vida. Y además lo hicieron con bastante severidad. Me dolió. Solo los que de verdad querían entenderme acabaron por hacerlo. Y aprendí por las malas que solo me verían los que sí querían ver.

Por eso siempre valido el aislamiento que sienten mis clientes cuando la gente no quiere o no puede relacionarse con el proceso de transformación que están atravesando. Desde luego, es difícil luchar por nuestra libertad y nuestra existencia mientras los demás ni siquiera reconocen la guerra. No tengamos miedo de admitir que esta parte del proceso puede ser muy difícil. ¡Es horrible!

Hermann Hesse, poeta, pintor y novelista ganador del Premio Nobel, habló sobre la búsqueda de la autenticidad, el autoconocimiento y la espiritualidad, y describió el aislamiento como algo que amenaza nuestro proceso pero que es «necesario» para lograr una conexión más profunda con el Yo e, irónicamente, una conexión más profunda con los demás: [47]

> Debemos quedarnos tan solos, tan absolutamente solos, que nos repleguemos en nuestro Ser más íntimo. Es un amargo sufrimiento. Pero después superamos nuestra soledad y dejamos de estar solos, pues descubrimos que nuestro Ser más íntimo es el espíritu, que es Dios, lo indivisible. Y de repente nos encontramos en medio del mundo, pero sin que nos perturbe su multiplicidad, porque, en lo más íntimo de nuestra alma, sabemos que somos uno con todo ser.

Por eso las personas inauténticas no soportan la diversidad, la inclusión ni las diferencias en general. No se han encontrado a sí mismas en medio del mundo ni han desentrañado los distintos aspectos de la humanidad. Esa es la razón por la que no sienten una conexión con los demás y por la que quizás nosotros no nos relacionemos con ellas.

Dificultad n.° 3: el duelo

En el proceso de crecimiento, o en cualquier proceso de cambio, siempre se sufren pérdidas. Hay mucho que llorar durante este recorrido de reconexión con el Yo: relaciones, sueños y las distintas identidades de las que nos hemos despojado por el camino. Tal vez necesitemos llorar la versión anterior de nosotros mismos que eligió la comodidad de eludir las consecuencias y el egoísmo de evitar la responsabilidad. Quizás necesitemos llorar a las personas en las que hemos invertido tiempo y energía. Puede que tengamos que llorar la ignorancia que nos permitió evadir nuestro dolor. Quizás tengamos que llorar nuestras creencias, los valores o la moralidad de antes.

Pero el cambio es una moneda de dos caras: una tiene pérdidas y la otra, oportunidades. Es una oportunidad para que la gente nos conozca de nuevo y para que nosotros nos encontremos por fin con nuestro Yo. Es una oportunidad para disfrutar de una mayor intimidad. Dentro del duelo, podemos buscar el «espacio» que ha creado la pérdida. El espacio que ahora, o cuando estemos preparados, podemos llenar con cosas que son «adecuadas» para nosotros.

Para muchos de mis clientes, la parte más dolorosa del duelo es darse cuenta de que no cuidaron de su Yo como necesitaban y reconocer las distintas formas en que han defraudado o fallado a su Yo. Hasta cierto punto, es un duelo por la humanidad de uno mismo. Pero, aunque suene a cliché, «errar es humano».[48] A lo largo de este proceso, debemos llorar nuestras expectativas poco realistas de crecimiento. A pesar de gozar de buena publicidad, el proceso de conectar con nuestra autenticidad no es del todo agradable.

La autenticidad no nos exime de ser humanos y cometer errores. La autenticidad no evita el dolor. La autenticidad no consiste en anestesiar los momentos dolorosos ni en distanciarse del pasado. No es una cuestión de «vibraciones positivas», de inflar exageradamente nuestras cualidades ni de forzar el amor propio. Lo más importante es que la autenticidad no consiste en negar partes de nuestro Yo. Al contrario, se trata de ti. Se trata de sentir y experimentar tu Yo, a los demás, el mundo… todo. Se trata de lo que «haces» y de cómo eliges existir. Se trata de cómo decides emplear tu tiempo. Se trata de aceptar y cuidar las partes que parecen haberse dañado, honrando tus heridas. Se trata de sostener a tu Yo, de verlo. Es el proceso de aprender poco a poco a aceptar y amar a la persona que eres. Se trata de informarte con el dolor pero no dejarte transformar por él. Se trata de crear a la persona en quien quieres convertirte.

El cambio solo se produce en un contexto de tensión o malestar, incluso el cambio necesario y deseable. Puesto que la autenticidad es un proceso de transformación perpetua, un recorrido de conversión interminable, implica aprender a existir dentro del dolor, de la complejidad, de lo indeterminado y de la pérdida.

PON EN PRÁCTICA TU CAPACIDAD DE ACCIÓN

Nuestro entorno nos pide que nos comportemos y «seamos» de una manera que resulte aceptable y deseable para los demás. Existe un amplio abanico de exigencias, todas ellas determinadas por personas ajenas a nosotros. Es común que se nos recompense por ser resilientes, buenos, exitosos, obedientes, originales, felices y atractivos. Sin embargo, esas cualidades tienden a alabarse solo en la medida en que se consideran convenientes, agradables o, por desgracia, ventajosas. Se espera que tengamos las cualidades «adecuadas» —sea lo que sea que eso signifique— para caerles bien a los demás, pero «no demasiado» para que no se sientan amenazados, inseguros, provocados o envidiosos. Lo peor es que ni siquiera podemos limitarnos a alejarnos. Tenemos que existir dentro de la sociedad. Así que, en definitiva, debemos hacer uso de nuestra libertad, asumir responsabilidades y tomar decisiones que nos honren a nosotros, a pesar de las expectativas y exigencias de los demás.

A finales de mi adolescencia y entrados los veinte, me rodeé de personas que no me veían de verdad, que no me daban reconocimiento por otra cosa que no fueran mis logros o mi utilidad, y no siempre me trataban con respeto. Les gustaba que los invitara a eventos divertidos o les dejara mis apuntes. Cuando empecé a resistirme a sus expectativas, empezaron a resistirse a la «nueva» yo. Me aterraba el aislamiento, pero al final me pareció mejor que el dolor y el cansancio de intentar ser alguien que no era.

Lo cierto es que lo inminente de la pérdida me agobiaba y amenazaba mucho más que la incomodidad de resistirme, y sentí una auténtica liberación cuando hice un esfuerzo deliberado por abrazar a la persona que era. Y algunos de los aspectos de mí misma que generaban más resistencia en los demás (mi sensibilidad, mi emotividad y mi ambición) son, hoy en día, las mismísimas cualidades que expresan lo que soy. Con el tiempo aprendí una lección importante, una lección que espero que te sirva de ayuda: los demás no pueden decirte quién eres ni quién llegarás a ser. La responsabilidad no es de ellos, es tuya.

LA DURA VERDAD

Si permitimos que las expectativas y la validación de otras personas
guíen nuestros actos, permitimos que moldeen la persona en quien nos
convertimos.

RECUERDA

Date permiso para convertirte en quién quieres ser y hazlo por ti, no por los demás.

6. ¿Dónde termino yo y dónde empiezan los demás?

Desde los nueve años, edad a la que emigré a Canadá, me crie en la región del Noroeste del Pacífico. Cuando la gente se entera de este dato, tiende a suponer cómo soy según los estereotipos de la región. Automáticamente esperan que sea un determinado «tipo» de persona: alguien que pasa los fines de semana haciendo senderismo, yendo en canoa o acampando; alguien que hace batidos de frutas orgánicas y desayuna granola; alguien que siempre viste con ropa deportiva (o hecha de cáñamo o quizá de lana gruesa); suponen que tengo un huerto en mi casa; y, además, aunque siempre les cueste «decantarse» por una de las dos opciones, creen que soy una fan acérrima de Starbucks o una purista de las cafeterías independientes. Según lo comprometidos que estén con la causa de no molestarse en conocerme, también suponen cosas sobre mi pasado, mi familia, mis ingresos, mis opiniones políticas o mi fe religiosa.

Todos esos supuestos se originan en un simple dato: el lugar donde me crie. Es fascinante cómo la mente está entrenada para juzgar de antemano. Llega un momento en que resulta absurdo ver a la gente construir una imagen de nosotros sin siquiera pedirnos que salgamos en ella. Tardé años en darme cuenta de que la cuestión no pasaba por mí (bueno, eso era obvio), sino que los demás necesitaban que yo fuera esa persona para ellos. Yo era el «objeto» de su existencia que necesitaban categorizar, etiquetar y, por último, «definir» para sentir menos ansiedad ante lo desconocido y dar sentido al mundo.

Durante mucho tiempo me molestaron las suposiciones que hacía la gente, aunque fueran bastante inocuas; no solo porque fueran erróneas, sino porque cada vez que me mostraba como mi Yo, parecían desilusionarse. Yo no era quien ellos querían que fuera. Daba la impresión de que los había defraudado por el simple hecho de querer, necesitar o valorar lo que era importante para mí. Parecía que los había molestado, y fruncían el ceño o hacían un gesto de desdén mientras intentaban «darle cabida» a mi presencia. O peor aún, me hacían pasar vergüenza con indirectas: «Uf, qué frustrante es cuando la gente se cree superior». Ah, y mi preferida: «Si a los inmigrantes no les gusta cómo se hacen las cosas aquí, que se vayan a su país».

Era desalentador, confuso y, en definitiva, una experiencia intensamente solitaria. Sus suposiciones y expectativas no dejaban espacio para mí; habían llenado todos los espacios en blanco. Entonces, me dediqué a mostrarme de una manera que validara la representación que se habían hecho de mí. Aunque hubiera podido cumplir sus expectativas, no lo habría hecho. Pero la verdad es que no podía: en primer lugar, me crie en una familia que no podía permitirse consumir verduras orgánicas ni comprar ropa deportiva cara y, en segundo lugar, había pasado demasiado tiempo asustada y luchando por mi vida como para desperdiciar momentos preciados inventando excusas para mi propia existencia.

Sentía que los «otros» estaban infringiendo mi sentido del Ser. Estaban traspasando mis límites más sagrados al empujarme a sabiendas (o no) para que fuera una extensión de su mundo interno. No me dieron permiso ni espacio para mostrarme. No se molestaron en verme.

Puede que esto no parezca gran cosa, y, para ser sincera, estuve tentada de poner un ejemplo más «impactante», pero eso iría en contra del objetivo de este libro. No son solo los momentos de opresión extrema los que nos llevan a sentirnos vulnerados. Puede que un ejemplo dramático lleve a pensar que la pérdida del propio Ser es fácil de percibir y que siempre ocurre de forma dramática. También es en esos momentos difíciles de detectar o fáciles de descartar, llenos de suposiciones, imposiciones o resistencias menores a nuestras preferencias, en los que nos cuesta vivir tal como somos.

Cuando me acercaba a los treinta años, prácticamente me parecía un acto de rebeldía mostrar a la gente mi Yo nómada, lectora de filosofía, amante de las ciudades, consumidora de cruasanes, fotógrafa, jugadora de tenis y espectadora de la Semana de la Moda de París. Decidí que iba a expresar mi Yo, y lo sigo haciendo. Decidí que mostraría quién era sin dejar lugar a dudas, y, si los demás seguían sin verme, sabía que era porque no querían.

Para sorpresa de algunos, mostrar mi Yo no implicaba entablar conversaciones más íntimas, contar más detalles de mis dolorosas experiencias de vida, crear una hermosa obra de arte o publicar más fotos o confesiones en las redes sociales. Eso a mí no me servía porque 1) la gente que me rodeaba no me miraba ni me escuchaba con atención y 2) las relaciones no me daban la seguridad suficiente para exponer mi vulnerabilidad.

Así que me mostré poniendo límites.

Es común que no relacionemos la expresión personal con los límites, pero, de hecho, estos son una forma crucial de expresión personal y, en mi caso, fue la más eficaz. Por si mis límites despiertan curiosidad, aquí enumero algunos ejemplos:

- «No, gracias. No tengo ganas de ir a acampar».
- «Me duele que se burlen de mí por ser una "princesa". No lo hagas más, por favor».
- «Prefiero ir a comprar un cruasán en lugar de una ensalada. Nos vemos después».
- «Agradezco tu opinión, pero, a fin de cuentas, he decidido viajar durante los próximos dos años».
- «Si necesito consejos sobre qué ropa ponerme, los pediré».
- «No toleraré comentarios despectivos sobre mi cultura».
- «Ahora no quiero casarme. Si cambio de opinión, te lo haré saber».
- «No sé si quiero tener hijos. Necesito que dejes de preguntar cuándo los tendré».
- «No me gusta compartir mis experiencias en la guerra, pero gracias por preguntar».

- «No me gusta que mires el contenido de mi teléfono».
- «Yo también estoy pasando por un momento difícil ahora y no puedo ser tu principal sistema de apoyo».
- «Si me gritas o me insultas, esta conversación se termina».
- «Me gusta mantener mi vida amorosa en privado».
- «No me gusta hablar de la gente a sus espaldas. Cambiemos de tema».
- «Sé que esto te disgusta, pero no creo que me corresponda involucrarme».
- «No tiene por qué gustarte mi profesión, pero necesito que hables de ella con respeto».
- «Si llegas más de veinte minutos tarde, tendré que irme sin ti».
- «No me gustan tus comentarios sobre mi cuerpo».
- «Responderé a tu correo electrónico después del fin de semana».
- «No, no te voy a contar lo que dijo mi terapeuta».

¿Me entiendes mejor? ¿Solo porque ahora sabes lo que «no» haré o lo que «no» aceptaré? Yo creo que sí. Es fascinante cómo sucede. No he dicho lo que me gustaba, no he dado ningún dato sobre mi vida, y aun así ha sido posible vislumbrar algo de mí. Esto sucede porque, si expreso mis límites, no solo comunico mis necesidades, deseos o expectativas; también muestro **quién soy y cómo me entiendo a mí misma**.

EL ESBOZO DEL SER: ¿QUÉ SON LOS LÍMITES?

Sé que la mayoría hemos oído hablar de los límites, porque últimamente la psicología se ha pronunciado mucho sobre este concepto y parece que todo el mundo habla de ellos en las redes sociales. Pero, para asegurarnos de que todos entendamos lo mismo, la idea se resume así:

- Los límites son pautas (no un ultimátum).
- Los límites favorecen la comprensión y la sensación de seguridad en una relación.
- Los límites son una forma de cuidar de nuestro Yo.
- Los límites deben comunicarse con claridad.

- Suele haber consecuencias si se traspasan los límites.
- Los límites pueden dividirse en seis áreas principales:
  1. físicos.
  2. sexuales.
  3. emocionales.
  4. intelectuales.
  5. materiales.
  6. temporales.
- Los límites son importantes en todas las relaciones (incluso, y en especial, en las buenas).
- Los límites no consisten en castigar o alejar a la gente. Se trata de crear una distancia saludable que beneficie a las dos personas que forman parte de una relación (y, en ocasiones a la relación en sí).

Me parece que a la mayoría de las descripciones y enseñanzas sobre los límites les falta un matiz importante: no hacen hincapié en la relación entre nuestros límites y nuestro sentido del Ser. **No podemos separar nuestros límites de nuestro sentido del Ser.** ¿Por qué? Porque **los límites sanos son un esbozo de lo que somos.** Los límites no solo fomentan las relaciones y nos protegen, sino que nos «definen». Son como una silueta de lo que somos como humanos, y se comunican con los demás de un modo que les ayuda a vernos y entendernos.

En mi práctica profesional, veo a muchas personas a las que les es difícil establecer límites y mantenerlos, a pesar de haber leído todos los libros y asistido a todos los talleres habidos y por haber. La realidad es que, a menos que alguien sepa de verdad quién es, terminará haciendo un mal uso de los límites o teniendo dificultades con ellos. No podemos esbozar la forma de algo si no sabemos dónde están los bordes y qué aspecto tiene. Los límites se basan en saber quiénes somos, qué necesitamos, qué queremos, qué esperamos y cuál es nuestra visión del mundo. Los límites son una de las formas más rápidas que tienen las personas de mostrarnos lo que creen de sí mismas, su trabajo, las relaciones, la familia, la fe y la religión, el cuerpo, etc. **Es posible que la gente mienta, pero los límites rara vez mienten.**

De hecho, unos límites deficientes suelen ser indicio de un pobre sentido del Ser. Parece cruel, lo sé. Pero esta es la cuestión: todo contexto que nos lleve a no saber establecer límites, o a pensar que establecerlos es arriesgado, es un contexto que amenaza nuestro sentido del Ser. Este no es siempre el caso, pero muchas veces los dos mayores escollos a la hora de poner límites son la falta de comprensión personal y la falta de seriedad, que suelen ir de la mano cuando no respetamos nuestro Yo.

Intentar poner límites antes de conocer nuestro Yo es como copiar en la clase de matemáticas y escribir la respuesta a una ecuación que ni siquiera está en el examen. Podría ser la respuesta correcta para alguna ecuación, pero no para la nuestra. Para que los límites tengan sentido o sean útiles, debemos sentirnos en profunda sintonía con ellos y deben funcionar a nivel práctico. Por ejemplo, una persona puede haber establecido que no está disponible para nadie después de las nueve de la noche, pero si esa persona fuera, por ejemplo, médica de urgencias o madre primeriza, el límite no será realista. Para intentar respetar ese límite, lo más probable es que tenga que cambiar algunos aspectos importantes de su vida y, en consecuencia, acabaría cambiando su Yo. Para cambiar nuestros límites, tenemos que modificar algo de nuestro Yo: los límites son una extensión natural de lo que somos. Nuestro Yo es una obra de arte; los límites son nuestro marco.

Otro ejemplo: si queremos implementar un límite en una relación que acaba de comenzar, como «no me parece bien que tiendas a cancelar en el último minuto» o «si no dejas de gritarme, me voy», debemos creer que somos dignos de respeto. Mientras no creamos que merecemos algo mejor, no lo pediremos y permitiremos que se sigan traspasando nuestros límites. Para poner un límite, sobre todo uno que podamos respetar, este debe surgir de un espacio auténtico: la elección de hacer uso de nuestra libertad de forma responsable respecto de lo que somos. Somos responsables de actuar como nuestro Yo y de protegerlo.

Si el Yo es de verdad cambiante y está en constante evolución, significa que, hasta cierto punto, también lo son nuestros límites. No solo estamos dibujando una silueta; estamos dibujando una imagen en movimiento que refleja nuestro crecimiento, así como nuestro contexto específico de un momento a otro. Es nuestra responsabilidad comunicarnos con nuestro Yo y elegir los límites que se amolden a él. Cuando nuestras relaciones, creencias o entornos cambian, es común que también cambien nuestros límites. No es que seamos inestables, sino que estamos «en sintonía». Cuando hago una sesión de preguntas y respuestas ante un público, las preguntas que elijo no son las mismas que hago cuando estoy tomando unas copas con mis amigos. En ambos contextos, los límites son cruciales.

Para muchos, no tomarse en serio los límites es un escollo porque no entienden lo que está en juego y, en consecuencia, no establecen límites con convicción. Así era yo. Antes aludía, un poco, en cierta forma, más o menos, a algo que necesitaba... hasta que me di cuenta de que por las exigencias de los demás, sumadas a mi falta de límites, terminaba sintiéndome «perdida». Tuve que sufrir un ataque de pánico para al fin aceptar que no haber puesto límites había exacerbado los problemas en mis relaciones, mi salud mental y mi dificultad para comprender quién era. Los garabatos que había dibujado no delimitaban claramente el contorno de mi Yo de modo que lo vieran los demás, ni siquiera eran lo bastante nítidos como para que yo reconociera a mi propio Ser.

SOBRECORRECCIÓN

Todos hemos sobrecorregido una acción en algún momento de nuestras vidas. Si la última vez que fuimos a la playa hacía muchísimo viento, es probable que la próxima llevemos una chaqueta y una manta aunque se pronostique un tiempo calmo y soleado. Si hemos tratado mal a una persona en un encuentro anterior, haremos un esfuerzo por tratarla bien la vez siguiente, quizás de forma poco natural. Si alguien nos dice que hemos engordado, es posible que adelgacemos una cantidad absurda de kilos solo para no tener que oír nunca más ese comentario, que en realidad ni siquiera debería haberse hecho. Si perdemos a una pareja porque la terminamos asfixiando, en sentido figurado, es posible que no prestemos suficiente atención a la siguiente.

Tal comportamiento es absolutamente normal. Por lo general, la sobrecorrección se produce tras una experiencia desagradable o una pérdida. No queremos repetir ni una ni la otra, así que intentamos protegernos haciendo todo lo contrario. Esto es algo que veo en las sesiones de terapia, sobre todo cuando los clientes aprenden una habilidad nueva, como establecer límites. Siempre aplaudo su entusiasmo y compromiso, pero muchas veces tengo que recordarles que deben ser realistas y dejar espacio para el desorden de otras personas.

Hace un tiempo, tuve una conversación de este tipo con una clienta veinteañera. Cuando comenzó a hacer terapia, quería que la ayudara a superar el duelo por el fin de una relación de tres años y averiguar quién era ella sin su pareja. En el proceso de duelo, es común que debamos enfrentarnos a muchas preguntas difíciles, como «¿por qué ha ocurrido esto?», «¿qué podría haber hecho de otra manera?» y «¿qué puedo aprender de esto?». Al final, se dio cuenta de que no haber puesto límites y no comprenderse a sí misma contribuyó en gran medida a la disolución de la relación. La joven era muy introspectiva, estaba dispuesta a aprender y comprometida a alcanzar su objetivo. En cuanto abordamos el tema de los límites, empezó a ponerlos en práctica de inmediato.

Un año después, la clienta empezó a salir con alguien. Se la veía contenta y dijo que parecía que eran una pareja perfecta. Para mi sorpresa, unos cuatro meses después de empezar a salir, vino a una sesión para leerme un mensaje de texto que tenía preparado para poner fin a la relación. Había escrito que no podían seguir viéndose porque ya había dejado claro que no estaba de acuerdo con que le enviaran mensajes de texto mientras visitaba a su madre, que estaba internada en el hospital, y él le había escrito mientras ella estaba allí. Para que se entienda mejor, la clienta había dejado claro que durante las horas de visita de los domingos no quería distracciones con el fin de prestar toda su atención a su madre. El día que su pareja no respetó el límite de no enviar mensajes de texto, él le había enviado un mensaje que decía: «Sé que hoy recibirás los resultados de los análisis de tu madre. ¡Te acompaño en la distancia!». Por ello, mi clienta se había disgustado y estaba dispuesta a romper con él. Había tenido tanto miedo de empezar otra relación en la que se ignoraran sus necesidades y preferencias que cualquier indicio de ello pasó a ser motivo de ruptura. Había empezado a usar los límites **como un muro en lugar de una guía**.

Después de tomarnos un momento para respirar hondo, le pregunté si sus límites se estaban volviendo rígidos. Exploramos la idea de que tal vez sería mejor repetir el límite que poner fin a la relación. O tal vez, quizás, estaba bien que ella disfrutara de la atención y el cuidado que alguien le daba después de mucho tiempo. ¿Quizás ese límite ya no era tan necesario o importante como antes? Desde luego que solo ella sabía cuál era la mejor manera de continuar, pero yo la ayudé a explorar su experiencia. Al final, decidió reiterar el límite en lugar de poner fin a la relación. También optó por comunicar a su pareja que, si bien él había tenido un gesto bonito, a ella le generaba una reacción negativa y le costaba aceptarlo.

Le llevó tiempo, pero al final se liberó del miedo y aprendió a aceptar las cosas buenas de su vida. Rompió el hábito de siempre ver y anticipar lo peor en cada situación.

CUANDO SE CRUZA LA LÍNEA

Cuando alguien traspasa nuestros límites, solemos responder con resentimiento, decepción, dolor o ira. Es posible que al principio intentemos justificar el mal comportamiento de la persona, nos culpemos por permitirle traspasar nuestros límites, sintamos vergüenza por la forma en que nos trata o empecemos a dudar de nuestras decisiones. Pero cuando vemos sus actos como una barrera o un impedimento para expresar nuestro Yo, cuando nos sentimos invisibles, poco apreciados o tratados injustamente, trazamos límites para protegernos. Establecemos un límite reflejo,[49] o una reacción de afrontamiento, **para prevenir que nos sigan hiriendo y que nos sintamos aún más perdidos.** El objetivo es encontrar una forma de soportar nuestro dolor o de evitar que este afecte a nuestro Yo. Para tener una idea de cómo reaccionas cuando se traspasan tus límites, permíteme hacerte tres sencillas preguntas:

- ¿Cómo te comportas en contextos en los que sientes que no puedes expresarte como eres?
- ¿Cuál es tu primera reacción al ver que te tratan injustamente?
- ¿Qué haces cuando sientes que siempre te pasan por alto, que nadie valora tus preferencias, que te ignoran o que no te ven de verdad?

Imagino que tus actos son los límites reflejos de los que hablo, las reacciones de afrontamiento que te permiten soportar el dolor. Estos límites o autoajustes no siempre son deliberados ni se basan en la auto-conciencia. Podría decirse que tampoco son una solución a largo plazo ni tienen el potencial de ser comportamientos inadecuados.

En el análisis existencial, las reacciones de afrontamiento se dividen en cuatro categorías:

1. Distanciamiento.
2. Hiperactividad.
3. Agresión.
4. Parálisis.

Todas estas respuestas tienen como objetivo protegernos del daño, solo que lo abordan de distinta manera.

1. Distanciamiento

Cuando nos sentimos vulnerados o invadidos, tendemos a distanciarnos de los demás o del dolor al que nos enfrentamos. El objetivo del distan-ciamiento es, en definitiva, preservar nuestro sentido del Ser, para lo cual evitamos exponernos a situaciones que representan una amenaza. Sin embargo, también es posible que al distanciarnos no nos demos cuenta de que establecemos límites que nos individualizan, nos ponen en riesgo de terminar relaciones y nos llevan a la soledad. Los siguientes son algu-nos comportamientos comunes de distanciamiento:

- Alejarse: la gente se aleja cuando no sabe cómo proceder en una interacción sin sentirse desprotegida. Al alejarnos decidimos que, de hecho, podemos vivir sin eso que se nos presenta. Es una forma de rechazo y una declaración: «Puedes elegir continuar comportándote así, pero no conmigo». Es un límite creado mediante la eliminación física del propio Ser.
Nunca he abandonado una conversación, pero sí me ha ocurrido que una persona dejara de hablar conmigo. No me sentí muy bien, por no decir otra cosa, pero supongo que la otra persona opinaría lo mismo. Si alguien se aleja, lo más probable es que piense que ya no puede coexistir con nosotros. Se puede estar

discutiendo eternamente sobre quién tiene la culpa de que eso ocurra, pero la pregunta más importante es: «¿Cómo fue que la dinámica se convirtió en un espacio en el que el Yo ya no podía existir porque se sentía emocionalmente amenazado de que lo lastimaran o lo ignoraran?».

• Abandonar: retirarnos de la conversación y guardar silencio es una respuesta de afrontamiento muy común. Pero ¿alguna vez has pensado en esto en términos de límites? Tomamos la decisión (es decir, establecemos un límite) de dejar de interactuar o de compartir nuestro Yo. El silencio puede ser un acto muy perjudicial y pasivo-agresivo, pero muchas veces es señal de que la persona percibe que ya no puede participar sin poner en riesgo su Yo.

Otra táctica, menos evidente, consiste en distraer a la otra persona del asunto que se está tratando, cambiando de tema o disimulando el problema. Quizás observes que tiendes a hacer esto cuando alguien saca un tema difícil durante una cena familiar (por ejemplo, que no tienes pareja) y distraes a la persona hablando de una oferta del supermercado o de que te han ascendido en el trabajo. A veces observo que ocurre esto con mis clientes. Empiezan a hablar de un tema difícil, pero enseguida cambian a otro mucho menos urgente como forma de autorregularse. Si somos conscientes de este patrón, podemos darnos cuenta de cuándo sentimos agobio, provocación o desprotección. Puede servirnos para reemplazar nuestros límites reflejos por otros deliberados.

• Actitud formal: la formalidad es una manera habitual de crear distancia. Cuando conocemos a alguien por primera vez, solemos adoptar una actitud más formal porque hay una falta de familiaridad, seguridad o comprensión. Si más adelante volvemos a manejarnos con formalidad en una relación, restablecemos un límite y creamos la distancia que queremos que haya entre nosotros y la otra persona.

¿Te ha pasado que, después de separarte, ves a tu expareja en público y actúas con rigidez y cortesía, llamándola por su nombre en lugar de decirle «cariño»? Ahora terminas tus correos con «saludos» en vez de «besos». Ser formal es una forma de decir: «Ya no tenemos la cercanía de antes». Es guardar distancia con alguien para protegernos.

- Percibir los insultos como una broma: no se puede negar que la risa y el humor tienen un impacto positivo en nuestra salud mental. Sin embargo, si usamos constantemente el humor para apaciguar situaciones o distanciarnos del dolor, es posible que eso nos impida enfrentarnos de verdad a nuestra realidad. Es decir, tratar algo o a alguien en broma es una forma de no tomárselo en serio. En estos casos estamos poniendo un límite al dar a entender: «Lo que dices no puede ser verdad porque, si lo fuera, sería demasiado cruel». Así que, en lugar de decir eso, nos reímos de los comentarios hirientes para no tener que lidiar con el dolor que sentiríamos si abordáramos la situación con seriedad.

- Identificarse demasiado con el punto de vista de otra persona: esto ocurre cuando al intentar comprender a una persona terminamos perdiendo de vista nuestra propia experiencia, ya sea esto intencionado o no. Lo hacemos en un esfuerzo por distanciarnos de nuestros propios sentimientos, pensamientos o necesidades. Incluso cosas maravillosas como la compasión y la empatía, si no las controlamos, pueden hacer que nos abandonemos a nosotros mismos en favor de los demás.

Imaginemos que discutes con tu pareja. Puede ser que quiera que dejes tu apartamento y empecéis a convivir, pero tú consideres que aún no es el momento. O puede ser que quiera casarse, pero tú no creas en el matrimonio. Sea cual sea el problema, decides hacer lo que tu pareja quiere y entonces te encuentras en una situación que pone en riesgo lo que eres. La situación se convierte en una amenaza para tu sentido del Ser, porque tus actos ya no se alinean con cómo entiendes tu Yo. Estos son ejemplos sencillos de lo que puede ocurrir cuando empezamos a desdibujar nuestro contorno y lo ampliamos para incorporar a otra persona. A veces intentamos forzar sus creencias y deseos para que se conviertan en los nuestros. Puede que creamos que ampliar nuestros límites sea más seguro que reducirlos, pero a veces no es así. En ocasiones dejamos que una relación se extralimite demasiado y, como resultado, perdemos nuestro Yo dentro de ella.

2. Hiperactividad

La hiperactividad ocurre cuando intentamos hacer espacio para nuestro Yo y, con el fin de avanzar, esquivamos o pasamos por alto el factor que nos hace daño o nos amenaza, o bien escapamos de él. También tendemos a pasarnos por alto a nosotros mismos en un esfuerzo (esperanzado) por ser vistos y reconocidos por los demás.

Esta actitud suele interpretarse como una mentalidad ambiciosa. Por ejemplo, una persona puede estar limpiando todo el tiempo, pertenecer a un montón de clubes, ser perfeccionista para que nadie pueda quejarse ni culparla, o distraerse con constantes ocupaciones para impresionar a otros y que la valoren más. Pero al final funciona casi como un engranaje de una máquina, representa un papel con poca o ninguna experiencia interior. Está tan ocupada que no interactúa con lo que le pasa realmente ni responde a ello. Se convierte en un caparazón que no se preocupa por el animal que vive en su interior; ni siquiera es consciente de que está allí. Si esta estrategia de afrontamiento pudiera hablar, según Längle, diría algo así: «Necesito estar todo el tiempo haciendo algo visible para legitimarme ante los demás, ¡y así poder "vivir"!». En lugar de retroceder o abandonar una situación, como hacemos cuando nos distanciamos de algo, esta reacción nos da un empujón hacia delante, y nos volvemos más activos para hacer frente a la amenaza. Esta actitud no es muy distinta de intentar complacer a los demás: consiste en enfocarse en el otro o amoldarse a él para evitar encuentros auténticos. Queremos el reconocimiento de los demás porque no podemos dárselo a nuestro Yo.

Las personas hiperactivas suelen llamar la atención por su forma de hablar, vestir y moverse por el mundo. Como todos nosotros, desean ser vistas, anhelan que alguien reconozca que existen. Tal actitud no se origina en el egocentrismo, sino en la autopreservación. También son más propensas a «seguir el juego» o a ceder ante el otro incluso cuando se sienten heridas y agraviadas. Puede que se identifiquen con la persona agresora, se rían de sus bromas hirientes e incluso estén de acuerdo con ella. Esto se debe a que, si tienen un sentido de pertenencia, sea justificado o no, tal vez piensen que eso evitará que las descarten o que se sientan perdidas.

3. Agresión

Cuando nos sentimos amenazados, es común que expresemos agresividad. Esta puede manifestarse como intolerancia, oposición, indignación, exigencia o vulneración de los límites físicos de otras personas. El objetivo principal es oponerse a algo, metafórica o físicamente. Por lo general, quienes reaccionan con agresividad buscan que los vean, los tomen en serio y no les sigan haciendo daño. Es como cuando hacemos un ruido fuerte si alguien se choca con nosotros en un metro abarrotado, así señalamos nuestra presencia y evitamos que nos vuelvan a empujar. Si pudiéramos hablar con claridad en esos momentos, según Längle, diríamos algo así: «Mírame, por favor. Estoy aquí, sufriendo. ¿Puedes dejar de hacer eso?».

Suelo ver surgir la agresividad cuando alguien se indigna con una situación en particular («¿Cómo se atreven? ¿Cómo osan hacer eso? ¡No dejaré que me vuelva a pasar!»). Si experimentamos una profunda sensación de injusticia o un sentimiento de degradación que no nos permite ser personas, nos defendemos: «¡No voy a dejar que me traten así!». Convertimos nuestras emociones internas en algo que «parece» una acción externa.

Primero surge la agresividad y luego el instinto de lucha. Debemos recordar que la ira ansía ser «vista». A diferencia de la tristeza, que por lo general quiere esconderse, la ira evoca un sentido de expresión. La agresión suele originarse a partir de un profundo sentimiento de impotencia y genera el deseo de «acabar» con la amenaza o destruirla. Cuando el impulso agresivo se combina con un sentido de «justicia», es decir, cuando consideramos que tenemos «derecho» a atacar, empezamos a castigar a los demás. Es una forma de perjudicar a la otra persona para compensar la injusticia, lo que se llama una venganza. También se trata de «darle una lección» a alguien, aunque ese alguien seamos nosotros. La agresión no siempre es evidente. En un taller de análisis existencial, un profesor nos dijo que el sarcasmo suele ser una forma de agresión aceptada socialmente... uf, esa frase caló hondo en mí. Yo antes era muy sarcástica (todos y cada uno de mis chistes abundaban en sarcasmo), y esa fue la primera vez que me di cuenta de que en realidad estaba enfadada.

Considero que un acto de ira es una súplica desesperada por obtener reconocimiento. Es una forma, si bien equivocada, de reafirmarnos, de reclamar espacio y de trazar límites en relación con el otro. Es una forma de establecer o restablecer límites para que nadie pueda pisotearnos. La intención es buena, pero la ejecución suele ser deficiente.

Cuando mis clientes sienten que están acumulando ira o agresividad, les pido que reflexionen sobre estas tres preguntas:

* ¿Qué necesidades no se están satisfaciendo?
* ¿En qué aspecto me siento bajo amenaza?
* ¿Qué límite se está vulnerando?

A menos que tomemos «conciencia» de lo que nos pasa, seguiremos protegiéndonos mediante una actitud destructiva en lugar de productiva.

4. Parálisis

La parálisis se produce cuando nos sentimos incapaces de actuar. Es cuando no podemos soportar algo hasta tal punto que nos quedamos paralizados o perdemos el contacto con nuestros sentimientos. Una manifestación leve sería quedarnos pasmados por un insulto o una ofensa que se percibe directamente como una amenaza a nuestra valía. Podemos quedarnos «mudos» cuando no nos invitan a un evento, cuando alguien se olvida de comprarnos un regalo de Navidad o cuando hablamos en un grupo y nadie responde. Es la sensación de haber sido abandonado y no saber cómo avanzar.

Una manifestación más dolorosa de esta vulneración de los límites sería sentirnos heridos, y cuando eso ocurre tendemos a alejarnos de los demás. Si alguien nos rechaza, ignora nuestros límites o nos menosprecia, sobre todo más de una vez, quizá lo consideremos como una «ofensa a nuestro honor». Es una ofensa que causa una herida más profunda y nos hace sufrir por dentro. Semejante fractura en una relación, un quiebre que no sabemos cómo abordar, puede provocar reacciones psicosomáticas como migrañas o problemas estomacales o digestivos.

Otras formas más graves de parálisis pueden ser las siguientes: ser incapaces de hablar, ocultar necesidades propias por vergüenza, esperar a que pase la amenaza, amargarnos, negar nuestros sentimientos, olvidar acontecimientos, disociarnos, despersonalizarnos. Estas respuestas suelen ser consecuencia de un trauma grave, y no de la amenaza común y cotidiana de la pérdida del propio Ser.

Tómate un momento para pensar: ¿qué te dicen tus límites reflejos sobre quién eres?

Es increíble el esfuerzo que hace nuestra mente para neutralizar los obstáculos que nos impiden habitar nuestro Ser. Pero incluso nuestro mejor esfuerzo no siempre da lugar al resultado deseado. Lo que sí podemos hacer es ayudar a nuestro Yo estableciendo límites «conscientes» (no de afrontamiento) que puedan eliminar la amenaza y generar seguridad con las personas que nos rodean.

Antes de establecer un límite, debemos preguntarnos:

- ¿Por qué pongo este límite?
- ¿Qué objetivo quiero cumplir con este límite?
- ¿Favorece este límite mi bienestar?
- ¿Se corresponde este límite con lo que soy?
- ¿Respeta este límite lo que soy?
- ¿Qué o a quién protejo con este límite?
- ¿Promueve este límite relaciones sanas?
- ¿En cuál de mis creencias fundamentales se basa este límite?
- ¿Es esta la mejor manera de comunicar oralmente este límite?
- ¿Cuál es el mejor momento para establecer este límite?
- ¿Cuál es la consecuencia si alguien traspasa mi límite?

Muchas veces el mayor obstáculo respecto de los límites, que afecta tanto nuestra voluntad de establecerlos como la disposición de los demás a aceptarlos, es lo que nosotros entendemos que son. Por lo general, los límites se entienden como una forma de rechazo o amenaza, en lugar de como una guía que podemos ofrecer a los demás para que profundicen la comprensión de nuestro Yo. Es un marco dentro del cual irán comprendiéndonos con el tiempo, un marco que protegerá el precioso proceso de nuestro Yo.

LA DURA VERDAD

Cuanto más débiles sean tus límites, más débil será tu sentido del Ser.

RECUERDA

Los límites son palabras de amor. Tratémoslos como tales.

PARTE III

EL YO QUE VIVES

Siempre he estado en la búsqueda y sigo buscando, pero he dejado de cuestionar las estrellas y los libros. He empezado a escuchar las enseñanzas que me susurra mi sangre. La mía no es una historia agradable, no posee la suave armonía de los cuentos inventados; como la vida de todos los hombres que han dejado de intentar engañarse, es una mezcla de sinsentido y caos, de locura y sueños. [50]

HERMANN HESSE, *Demian*

7. Limpieza mental: crea espacio para quien eres de verdad

Me considero minimalista. Todas, y de verdad digo todas, mis pertenencias terrenales caben en una maleta grande y un equipaje de mano estándar. No siempre fue así: mi búsqueda del minimalismo comenzó hace siete años, una fría y triste tarde de febrero en Berlín. El cielo oscuro amenazaba con un segundo aguacero, y solo había un puñado de personas en la calle. Nadie se molestó en levantar la vista mientras arrastraba mi equipaje gigantesco por los adoquines ni cuando tropecé y se cayeron las maletas junto con todo el contenido de mi bolso; mi cartera, las llaves, el pasaporte y algunos dispositivos electrónicos, esparcidos por la acera mojada. Nadie se detuvo a ayudarme. La gente pasaba por mi lado, ignorando mis dificultades. Desde luego, me di cuenta de que no pasaba nada mientras me apresuraba a recoger mis cosas. A veces la vida es así: sufrimos y ni nosotros ni quienes nos rodean nos molestamos en verlo.

Sin aliento, llegué por fin a la entrada de una estación de tren. Y, como era Europa, no había ascensores ni escaleras mecánicas. Solo yo, las escaleras y mis enormes maletas. Después de subir y bajar dos veces y de darme varios golpes en los tobillos, llegué al andén correcto. Pero a la puerta no le importó que la mitad de mi maleta aún estuviera fuera del tren y empezó a cerrarse sin piedad. Los demás pasajeros me miraron mal y, además de sudorosa y frustrada, me sentí humillada. (¿Por qué es la persona con dificultades la que pasa vergüenza? ¿No deberían sentirse cohibidos los que no ayudan?).

Después de esto, juré que jamás viajaría con más de lo que pudiera llevar. Estaba dispuesta a ordenar y minimizar toda mi vida, no solo mis pertenencias. Quería moverme con una libertad y un espacio que no tenía. Estaba lista para que la metáfora de mi vida dejara de ser que tenía «demasiado equipaje». Era un estereotipo, y detestaba la idea.

Mientras iba purgando mis posesiones externas, empecé a notar que tenía más espacio interior: me resultaba más fácil respirar y tomar decisiones. Primero doné, vendí o tiré a la basura todas las cosas que ya no necesitaba (y que ya no cabían en una sola maleta). Luego, me puse a revisar las cosas que había dejado en casa de mis padres. Me deshice de anuarios viejos, mantas, entradas de cine y regalos de amigos de la familia. Dudaba de si deshacerme del vestido de dama de honor que quizás podría volver a ponerme si la familia real me invitaba a un baile, de todos los pantalones de chándal de principios de los 2000 por si alguna vez volvían a ponerse de moda (¿quizá ya han vuelto?) o de esa falda que me compré para «cuando adelgazara». ¿Y qué hacía con todos los regalos hechos a mano y las cartas de mi ex? ¿Y si volvíamos a estar juntos? Mi espacio mental estaba ocupado por un montón de situaciones hipotéticas: los «y si…», los arrepentimientos y los «tal vez» de la vida. Esa acumulación era mucho más perjudicial que las cajas en las que lo guardaba todo. Al final, revisar mis cosas me permitió despejar los rincones de mi mente.

Al igual que cuando me deshice de un jersey de lana que me picaba para hacer espacio en la maleta, decidí dejar de pensar en lo que la gente opinaba sobre mi divorcio, que ya estaba en trámite. Para mí, la limpieza mental implicaba eliminar todo aquello a lo que dedicaba tiempo o energía y que ya no me servía o no estaba en consonancia conmigo. Era despejar espacio para mi Yo. Entre otras cosas, la limpieza mental puede consistir en liberarnos de pensamientos, creencias, supuestos, roles, hábitos, miedos, relaciones o posesiones, sobre todo los que no nos sirven. Se trata de deshacernos de todo lo que no nos ayuda a estar en el mundo de una manera que nos parezca fiel a lo que somos y a lo que queremos ser.

Creo que muchas veces se confunde el minimalismo con el acto de restringir a nuestro Yo. Pero, para mí, tener menos, física y mentalmente, representaba la elección de no estar restringida; era una cuestión de preservar mi voluntad, crear espacio y, en consecuencia, hacer uso de mi libertad. Al tener menos, sentí que podía dar a mi Yo más espacio para, justamente, ser.

El espacio es lo que nos da libertad porque, desde un punto de vista existencial, es donde podemos existir, en sentido literal y figurado. Así que es lógico que sin espacio dejemos de existir. El espacio es lo que nos brinda la oportunidad de decidir, de actuar, de movernos, de crecer, de realizar nuestro potencial. Una famosa cita que suele atribuirse a Viktor Frankl lo describe a la perfección: «Entre el estímulo y la respuesta hay un espacio. En ese espacio yace nuestro poder para elegir nuestra respuesta. En nuestra respuesta reside nuestro crecimiento y nuestra libertad». Si no aprovechamos nuestro espacio, nos estamos despojando de nuestra autonomía y de nuestro poder y, en consecuencia, corremos el riesgo de perder a nuestro Yo.

El espacio no es solo algo que se da; el espacio es algo que «tomamos y creamos».

Cuando sentimos que no tenemos espacio, dejamos de ofrecérselo a los demás. Se crea un círculo vicioso. No podemos dejar «ser» a los demás si nos falta espacio para dejar «ser» a nuestro Yo, y viceversa. Sentimos que el espacio que ocupan los otros transgrede el que «necesitamos» para mostrarnos. Por eso, antes de responder a un mensaje de texto exasperante de una colega o un amigo, o antes de reaccionar porque otra vez tu pareja no ha vaciado el lavavajillas, tómate tu tiempo para reflexionar sobre lo que te ocurre y cómo quieres mostrarte en ese momento. «Aprovecha el espacio» para pensar en quién eres y quién quieres ser. El espacio es lo que nos permite actuar con intención, y cuando la vida se vuelve ajetreada es cuando tendemos a reaccionar mal, a volvernos descuidados y, bueno, a perdernos.

Las decisiones son nuestras respuestas deliberadas a la vida; las reacciones son actos impulsivos que por lo general se fundan en el dolor, el miedo, las inseguridades o las heridas. El espacio nos permite dar un paso atrás y contemplar todas las posibilidades que no se limitan al momento o al sentimiento actual. Nos da perspectiva y nos conecta con la realidad.

Si no tomamos distancia, los árboles no nos dejan ver el bosque, por así decirlo.

Hay muchas formas de crear espacio y distancia para nosotros mismos. Para empezar, podemos hacerlo con nuestra imaginación. Una vez oí decir que, mientras Frankl estaba en el campo de concentración, se imaginaba a sí mismo después de la guerra hablando a un público sobre sus experiencias, que es lo que acabó haciendo. Otros métodos consisten en respirar hondo, hacer actividades físicas para mover el cuerpo, tomarse un descanso o «consultar algo con la almohada» para luego abordar la situación desde un espacio diferente, encontrar el lado gracioso o irónico de las cosas difíciles o, simplemente, decir no.

Para mí, crearme espacio consistía en distanciarme físicamente de las personas y los lugares que me dificultaban expresarme con intención y autenticidad. Lo que empezó como una limpieza tal que todas mis pertenencias llegaron a caber en un par de maletas se convirtió en hacer las maletas y viajar por el mundo. Desde que sufrí mi crisis existencial y tras el divorcio que sobrevino después, he llevado una vida nómada en esencia. El mismísimo acto de crear espacio es la razón por la que empecé a viajar. Tenía un problema que resolver... bueno, en realidad dos: me sentía sumamente infeliz y no tenía ni idea de quién era.

Si bien viajar para «encontrarnos a nosotros mismos» o «alejarnos» de las cosas se ha convertido en algo trillado —además de ser un acto privilegiado—, tiene sentido. Buscamos más espacio en el que podamos existir, sobre todo si nos parece que el contexto actual no nos lo permite. La necesidad de buscar espacio en contextos ajenos suele surgir cuando no hemos tomado la iniciativa de crearlo en nuestra vida y nuestra situación actual, o bien cuando, por diversas razones, no nos sentimos capaces de hacerlo. Muchas veces, nuestros contextos están saturados de expectativas, opiniones, personas y rutinas que no dejan espacio para, bueno, el espacio. Empezamos a funcionar en piloto automático. Pasamos días enteros sin mucha intención ni conciencia.

Hay una razón por la que a veces se aconseja a las personas que abandonen un hábito arraigado, como fumar, cuando están en un entorno nuevo. Es porque, en un espacio distinto, nos volvemos más conscientes. No existe el descanso de diez minutos a la misma hora todos los días en el que tomamos automáticamente el paquete de cigarrillos, preparamos un café instantáneo y salimos del edificio para fumar. Estar en otro contexto nos permite tener un momento para «pensar» antes de hacer algo, porque ya no estamos dentro de nuestra rutina diaria automatizada. Crea espacio para tomar decisiones que no sean solo hábitos. Es una forma de reclamar y hacer uso de nuestra libertad.

A veces el acto de moverse no es huir sino correr hacia un destino. Viajar me otorgó espacio y distancia, lo que me permitió «convivir» con mis problemas y abordarlos. Empecé a discernir mi Yo del problema, y me di cuenta de que yo era más que mi dolor, mi ansiedad o mis relaciones «fallidas». La verdad es que, una vez que identificamos a nuestro Yo como algo separado del problema, lo recuperamos al desarrollar nuestro poder personal y, además —no lo olvidemos—, al seguir asumiendo la responsabilidad de lo que somos.

POR QUÉ NOS CUESTA SOLTAR

Es común que nos resulte difícil soltar ciertas cosas porque les asignamos a nuestras pertenencias un sentido que no les corresponde. Eso es lo que me pasaba a mí. Les había concedido una sensación de seguridad y sentido tal a las posesiones físicas que no me había propuesto crear sentido y seguridad dentro de mí.

Tener posesiones no es en sí mismo un problema. Lo que pueden ser problemáticas son las relaciones que entablamos con ellas. El acto de soltar puede presentar especial dificultad para las personas que en algún momento no vieron satisfechas sus necesidades o que crecieron con carencias. Durante la guerra, escaseaba lo esencial, como la comida. Las cosas no esenciales de mi familia eran inexistentes. Esto no era «minimalismo»: era un trauma. No nos sentíamos liberados y llenos de espacio; nos sentíamos vulnerables e inseguros. Nos robaron cosas que necesitábamos y nos importaban.

Como resultado, mis familiares se aferraban a sus pocas pertenencias. No lo hacían porque pensaran que las cosas materiales en sí tuvieran valor, sino porque el valor residía en no tener que experimentar la falta de ellas. Guardaban todas las prendas de ropa o todos los envases de fijador para el pelo medio vacíos por si existía la más mínima posibilidad de volver a necesitarlos. E, incluso cuando ya pudieron permitirse comprar una camiseta o una almohada nuevas, les costó cambiar esa mentalidad.

Recuerdo cuando me mudé a mi residencia universitaria con el coche lleno hasta arriba, molesta por no poder llevarme todo lo que «necesitaba». Aunque ahora me parezca ridículo, sé que esa versión mía anhelaba estar rodeada de cosas conocidas durante una transición hacia lo desconocido. Lo que importaba era la sensación de seguridad, no la vela usada que me llevé aunque no estuviera permitido encenderla en la residencia. Esa vela me recordaba a mi hogar. La manta de colores vívidos hecha a mano que desentonaba con todo lo demás en mi habitación me recordaba a cuando me enamoré por primera vez. Y el barco de juguete de madera representaba mis últimas vacaciones, hacía ya diez años, con mi padre, un hombre al que quería pero al que rara vez veía. Tenía miedo de que, si no guardaba estas cosas, mis experiencias anteriores fueran menos reales. Necesitaba pruebas de mi vida, y por eso protegía tanto mis objetos: eran recuerdos de las versiones de mí misma que ya no podía captar del todo, que ya no existían.

Hace poco, una amistad me hizo una pregunta muy común, pero que me hizo pensar: «Si se incendiara tu casa, ¿qué correrías a buscar?».

Mi respuesta, tras una larga pausa, fue: «Nada».

De verdad, no se me ocurre nada por lo que arriesgaría mi vida, nada externo que me parezca que necesito sí o sí. Me pasa lo mismo cuando mi maleta no aparece después de bajar de un avión y veo la mirada avergonzada del empleado que no consigue explicarme dónde está. Por lo general, al principio me molesta, pero después me siento liberada. Mi casa es mi alma, no los ladrillos ni una maleta llena hasta arriba.

Así que quisiera preguntarte algo: si se incendiara tu casa, ¿qué correrías a buscar? ¿Qué es tan importante para que arriesgues tu preciado Yo?

Hay una diferencia crucial entre poseer nuestras cosas y poseer nuestro Yo. Hacer limpieza en nuestra vida puede parecer amenazante, porque es una forma de deconstrucción. Es una manera de abordar todo lo que somos y lo que no, desentrañando y dilucidando nuestros hábitos, creencias, relaciones y heridas. Primero debemos deconstruir para poder elegir cómo queremos construir nuestro Yo, **y la única forma de crear nuestro Yo es dejar espacio para lo que somos.** Es hora de soltar los actos, las creencias, los hábitos y las perspectivas que no nos pertenecen de verdad.

Las expectativas

La mayoría de nosotros, probablemente todos en cierta medida, tendemos a dejar que las expectativas de los demás nos afecten y determinen cómo pensamos acerca de nosotros mismos, qué decisiones tomamos y en quién nos convertimos. Sin saberlo, es común que experimentemos dos necesidades compitiendo: ¿me concentro en satisfacer la necesidad de expresar mi Yo o en la de pertenecer y recibir cariño?

Cuando no tenemos claro nuestro Yo, aceptamos la claridad que proviene de las proyecciones de los demás, ya sean buenas o malas, porque eso satisface lo desconocido. Nuestro cerebro se siente más intimidado por lo desconocido que por lo conocido aunque inexacto, y por eso prefiere clasificar mal o generalizar nuestro Yo según las representaciones de otras personas, en lugar de abrazar el espacio de no comprender del todo quiénes somos. La forma en que entendemos nuestro Yo dicta nuestros actos y el espacio que ocupamos en el mundo, por lo que esta tendencia nos pone en riesgo de convertirnos en algo que otras personas quieren que seamos o creen que somos.

Antes de enfrentarme a la pérdida de mi propio Ser, pasaba tanto tiempo siendo la persona que los demás necesitaban y querían que fuera que, con el tiempo, creé una versión inauténtica de mí misma.

Nunca olvidaré una tarde en la que tuve un ataque de ansiedad repentino durante una reunión importante en el trabajo. No recuerdo qué fue lo que lo desencadenó, pero de pronto el estrés fue tan abrumador que me desmayé. Literalmente perdí el conocimiento durante varios segundos. Ni una sola persona se dio cuenta. Más tarde, mientras la reunión finalizaba, se me acercó una colega. Yo estaba nerviosa. ¿Me había visto? ¿Estaría cuestionando mi capacidad?

No. Quería elogiar mi participación en la reunión y las aportaciones que había hecho. Dijo que algún día esperaba tener la misma seguridad en sí misma que yo. Esperaba llegar a un punto en el que lo tuviera «todo bajo control», como yo.

Mientras la miraba sin poder comprender lo que pasaba, vi sus ojos expectantes y reconocí la imagen de mí que necesitaba proteger... para ella. Con torpeza, acepté el cumplido, y ella siguió sin darse cuenta de que yo solo quería marcharme lo antes posible y googlear mis síntomas en el coche. Mi colega no sabía que en ese momento yo quería ser cualquier otra persona menos yo. Me ayudó a negar mi propia realidad, y entonces usé su percepción de mi «éxito» para interpretar quién era yo.

Si nadie reconoce que sufro dolor, ¿sufro dolor? Si nadie ve que estoy perdida, ¿estoy perdida?

¿Quieres que lo tenga todo bajo control? Muy bien, seré alguien que lo tiene todo bajo control.

Me dediqué a perpetuar esa falsa idea de mí. Mi cabeza estaba siempre llena de ruidos sobre cómo podía seguir fingiendo. Finalmente, terminé malinterpretando a mi propio Ser. Debo admitir que al principio me sentí aliviada cuando mi colega no se percató de mi angustia, pero luego lo comprendí: ¡no se había percatado de mi angustia! Cuando me di cuenta de esto, pude llegar a un punto en el que decidí dejar de preocuparme por lo que los demás querían o esperaban. ¿Por qué dedicaba mi vida a satisfacer a gente que no me veía? ¿A gente que no experimentaba lo que era ser yo?

A veces, depositamos expectativas en nuestro Yo; por ejemplo, ser la persona que lo tiene todo bajo control, incluso cuando de ninguna manera somos así. Otras veces asumimos las percepciones de los demás; por ejemplo, ser la que se comporta bien. El problema de vivir sobre la base de expectativas es que muchas veces eso no se alinea con lo que somos. Tarde o temprano, nos damos cuenta de que perder nuestro Yo para encajar en un rol, ya haya sido asignado por nosotros o por los demás, es un precio demasiado alto. Las expectativas pueden ser buenas, siempre que sean realistas y se alineen con lo que somos; por ejemplo, espero que mi Yo asuma la responsabilidad de «todas» mis decisiones.

Las siguientes son siete preguntas que debes hacerte para cuestionar y eliminar los «debería» de tu vida:

1. ¿Se corresponde esta expectativa con lo que soy?
2. ¿Me acerca esta expectativa al futuro que deseo para mí?
3. ¿Favorece esta expectativa mi bienestar?
4. ¿Respeta esta expectativa mis necesidades?
5. ¿Es realista esta expectativa?
6. ¿Para quién hago esto? ¿Por qué?
7. ¿Quién ha impuesto esta expectativa?

Algo para reflexionar: si nos enfocáramos tanto en adquirir nuestro sentido del Ser como nos enfocamos en nuestros «debería», ¿qué diferencias habría en la forma en que estructuramos nuestros días? ¿En qué pasaríamos tiempo pensando? ¿Cómo variarían nuestros actos? Si elegimos responsabilizarnos de quiénes somos y quiénes llegaremos a ser, ¿cómo cambiarán nuestros pensamientos, interacciones, enfoques y objetivos?

Los hábitos

Liz tenía treinta y cuatro años y vivía en la ciudad de Nueva York. Había soñado con eso desde que era adolescente. Con poco más de veinte años, se mudó, tuvo trabajos horribles, citas horribles y pagó alquileres astronómicos: todo formaba parte de la «experiencia». Ahora tenía treinta y tantos, una carrera próspera, un apartamento de ensueño y una vida social divertida. Las drogas y el consumo excesivo de alcohol estaban normalizados y se fomentaban en los círculos en que ella se movía. No le gustaba mucho, pero parecía estar incluido en el *pack*. Al principio participó a regañadientes, pero al final terminó consumiendo cocaína con regularidad y emborrachándose hasta el punto de no recordar nada después. Le disgustaba esta parte de sí misma, pero lo que empezó como una actividad social poco frecuente se había convertido en una especie de rutina de todos los viernes por la noche, y no sabía cómo salir de ella. Con el tiempo, Liz y sus amigos dejaron de hacer planes «oficiales» y todos iban a su bar favorito a las ocho, listos para empezar la fiesta. Lo entiendo. Es como cuando mi hermana y yo decimos: «Vamos a comer algo», y automáticamente empezamos a caminar hacia nuestro restaurante coreano preferido. Es un hábito, memoria muscular.

Pero los hábitos son rutinas que acaban moldeándonos. En lugar de rendirnos ante ellos, debemos inspeccionarlos:

- ¿Qué hábitos has adoptado debido a tu entorno?
- ¿Qué hábitos no respaldan quién eres y quién quieres llegar a ser?
- ¿Tienes algún hábito que te sabotee a ti o a tu crecimiento?
- ¿Qué hábitos te benefician?
- ¿Cuáles de tus hábitos han sido fomentados por otras personas?

Lo que hacemos es en lo que nos convertimos. Los hábitos son tendencias o prácticas que pueden volverse automáticas. Los hemos hecho tantas veces que ya son un acto reflejo, y pueden eludir la sintonía y el consentimiento interno. Los hábitos son una expresión de lo que somos, y, si no nos gustan nuestros hábitos, es muy probable que no nos guste nuestra forma de ser. No podemos hacer cosas que no respetamos o nos dan vergüenza y seguir admirando y apreciando a nuestro Yo, del mismo modo en que no podemos usar todos los ingredientes equivocados y esperar que un pastel tenga buen sabor.

Hay muchos hábitos claramente destructivos que quizá queramos abandonar, como beber cuando estamos disgustados, fumar y beber al mismo tiempo o enviar mensajes de texto en plena borrachera. Pero también hay otros hábitos que puede valer la pena romper, como:

- Basar nuestra identidad en nuestras relaciones con los demás.
- Conformarnos con menos de lo que merecemos.
- Ocultar nuestro éxito para no herir a los demás.
- Mentir para evitar conflictos.
- Anteponer las necesidades de los demás a las propias.
- Beber para hacer frente a la angustia emocional.
- Pedir disculpas por cosas que no son culpa nuestra.
- No poner límites por miedo al rechazo.
- Negar nuestra realidad.
- Traicionarnos a nosotros mismos por el bien de una relación.
- Buscar la validación externa en lugar de la interna.
- Dar consejos que no nos han pedido.

También es importante recordar que no todos los hábitos son malos. Los hábitos saludables pueden ayudarnos a crear una rutina que nos acerque a la vida que deseamos y ayude a normalizar e interiorizar actos que nos permitan ser quienes queremos ser.

Algunos hábitos saludables pueden ser calmarnos solos en lugar de tomar el teléfono para llamar a alguien que nos ayude a tranquilizarnos, asumir la responsabilidad de lo que hacemos y decimos, disculparnos enseguida si hemos cometido un error, no ser muy duros con nosotros mismos y darnos el espacio que necesitamos para sentir y pensar. Los hábitos saludables también pueden consistir en cosas prácticas, como llamar a nuestros amigos o familiares para saber cómo están, cepillarnos los dientes, beber agua y anotar las cosas por las que estamos agradecidos.

Las relaciones

Como les ocurre a muchos, el área en la que más abandoné mi Yo fue en mis relaciones amorosas. Pasé años intentando ser la persona que creía que mis parejas querían. Fingía que me gustaba ver *hockey*, que me gustaba vestirme con ropa *sexy*, que no me tomaba a pecho sus ambiciones o la falta de ellas. Fingí que mi deseo sexual era mayor de lo que era, que disfrutaba de pasar tiempo con todos sus amigos, que no me molestaba que hicieran comentarios sarcásticos sobre mi trabajo, que no me molestaban los sentimientos no resueltos que algunos de ellos tenían por su ex, que no me molestaba que controlaran con quién salía. Fingí durante tanto tiempo que al final me creí mis propias mentiras, y realmente no entendía qué me pasaba cuando casi todas las noches me iba a dormir frustrada, con lágrimas en los ojos. Mi vida, mi existencia, estaba llena de todos esos rasgos y «preferencias» que no eran míos.

Mi matrimonio sacó lo peor de mí (¿o de lo que yo no era?). Desvié la atención de quién era yo y animé a mi pareja a enfocarse en la persona que él quería que yo fuera. Él acabó teniendo una relación con alguien con quien yo no tenía mucho que ver, y yo terminé sola.

Yo no estaba presente. Por eso nada en nuestra relación parecía íntimo. Incluso el sexo empezó a darme asco y, como supe más tarde, el asco es una emoción destinada a protegernos de la contaminación o a señalarnos una vulneración de nuestros derechos.[51] ¿Acaso ese asco me advertía de una profunda vulneración interior por seguir en la relación? ¿Acaso me parecía que mi relación contaminaba mi sentido del Ser?

Mis emociones intentaban decirme que había llegado el momento de «hacer limpieza» y soltar, pero no les hice caso.

Por extraño que parezca, en aquel momento de mi vida creía sinceramente que la mayoría de las personas detestaban sus relaciones amorosas y, si eran lo bastante sinceras, se detestaban a sí mismas tanto como yo. Y, aun así, estar con mi pareja me parecía menos doloroso que estar sin él. Sin una relación, no tenía ni idea de quién era, y tenía la sensación de que toda mi existencia se veía amenazada por la mera idea de que la relación terminara. Ahora comprendo que era justo lo contrario: permanecer en mi matrimonio suponía una amenaza existencial.

Tuve que aceptar que me había casado con la persona equivocada y que ese mero error podría definirme. Tuve que superar mi miedo a poner fin a la relación: el miedo a ser etiquetada como una divorciada de veinticuatro años, el miedo a quedarme sola conmigo misma, que era la persona con quien tendría que convivir y a quien tendría que escuchar y dar espacio para redefinirse. Tuve que deshacerme de lo que más me amenazaba en lo existencial: mi matrimonio, y tuve que dejar espacio para que mi Yo actuara, se moviera, creciera y desarrollara mi potencial. Y eso es precisamente lo que hice.

Es posible que hacer limpieza de relaciones constituya el reto más difícil de todos. En nuestras relaciones, solemos invertir mucho tiempo, energía y sentido de la valía. También solemos conservar supuestos y creencias que nos impiden marcharnos,* por ejemplo:

* «Ninguna relación es perfecta».
* «La otra persona estaría destrozada sin mí».
* «No quiero terminar solo».

---

* Los supuestos se convierten en un problema cuando no los contextualizamos.

- «Le di mi palabra».
- «Mi familia reaccionará mal».
- «Estoy siendo egoísta».
- «Nadie querrá salir conmigo».

No voy a repetir, una vez más, lo importantes que son nuestras relaciones... y es que nuestra existencia depende de ellas. A la mayoría nos asusta evaluar nuestras relaciones, ya sean amorosas o de otro tipo, pero a continuación incluyo varias preguntas que pueden facilitar el proceso:

- ¿Qué relaciones se basan en el miedo, la culpa o la obligación?
- ¿Qué relaciones interpretan erróneamente quién eres?
- ¿En qué relaciones puedes mostrarte como tu Yo?
- ¿Qué relaciones te acercan a la persona que quieres llegar a ser?
- ¿Qué relaciones se basan en la confianza y la honestidad?

A veces se hace demasiado hincapié en cuándo, cómo y por qué apartar a ciertas personas de nuestra vida, y creo que es importante reconocer los tipos de personas que vale la pena conservar:

- Personas que nos dicen la verdad.
- Personas que nos animan.
- Personas que tienen cualidades que admiramos.
- Personas que nos llaman la atención con cariño y respeto.
- Personas dispuestas a vernos tal como somos.
- Personas que nos aceptan.
- Personas que nos respetan.
- Personas que quieren lo mejor para nosotros.

Los errores y las heridas

¿Alguna vez has cometido un error y luego has asumido ese paso en falso como lo que define toda tu identidad? Lo veo en mi consulta todo el tiempo. Si alguien nos ha hecho daño, nos convertimos en «víctimas». Si engañamos a alguien, nos convertimos en «infieles». Si abandonamos la escuela, nos convertimos en «fracasados». Si nos divorciamos, nos convertimos en «divorciados». Pero, en realidad, no nos «convertimos» en ninguna de estas cosas; solo pasan a formar parte de nosotros. Como consecuencia, nos vemos ante la tarea de sanarnos, reconciliarnos o perdonarnos a nosotros mismos.

Podemos perdernos tanto en las etiquetas que dejamos que nuestro pasado nos defina y dicte nuestras decisiones futuras en lugar de aprender de él. Por ejemplo, la idea de que el que fue infiel una vez será infiel siempre ha despojado a las personas de quiénes son más allá de su error. Es como si agitáramos delante de ellos una pancarta que dijera: «¡No te creo capaz de cambiar!». En lugar de adoptar esa actitud, ¿por qué no referirse a alguien que ha sido infiel como una persona que ha cometido un error? ¿Por qué no acercarnos a esa persona de una manera que promueva el empoderamiento y la resiliencia, incluso si la persona a la que nos acercamos es nuestro Yo?

Asimismo, veo a personas que existen como si fueran carteles andantes de sus heridas, y ¿por qué no iban a serlo si las tratamos como tales? Es normal luchar con la imposición que suponen nuestras heridas y sentirnos destrozados incluso por una sola fractura. Pero tenemos la responsabilidad y la libertad de definir nuestro Yo, es decir, tenemos la responsabilidad y la libertad de hacer lo necesario para que nuestros reveses o traumas no consuman nuestro sentido del Ser. Esto puede sonar duro, pero no es mi intención. Es sumamente injusto que, después de que alguien nos haya hecho daño, nos toque a nosotros recoger los pedazos. Sin embargo, si no lo hacemos, somos los únicos que sufrimos. Identificarnos solo como víctimas, aunque esta sea una representación correcta de lo que nos ha ocurrido, puede privarnos de la capacidad de convertirnos en mucho más.

Nuestras heridas, al igual que nuestros defectos, son reales. No es cuestión de negarlas, sino de reconocer que son solo una «parte» de lo que somos, no «todo». Tenemos que dejar de utilizar nuestros errores para eclipsar o someter nuestro sentido de la identidad. La mayoría de nuestros errores se producen «porque» no sabemos quiénes somos, no porque destaquen quiénes somos. En todo caso, destacan cómo se ha manifestado la pérdida del propio Ser en nuestras vidas.

Soltar no significa fingir que algo doloroso nunca sucedió, ni menospreciar el impacto que tuvo en nosotros o fingir que no importó. Para liberar al Yo de nuestras heridas debemos cambiar la relación que tenemos con el dolor. Una nueva relación puede ser una relación de conciencia y elección (como lo son las mejores relaciones). No se trata de dejar de sentir dolor, sino de aprender de él.

Todos tenemos heridas. Algunas las hemos lamido, otras nos generan demasiado miedo como para enfrentarnos a ellas y otras las seguimos escarbando y marcando cada vez más. Las siguientes son algunas preguntas que te ayudarán a reflexionar sobre tus heridas:

- ¿De qué dolor quieres sanar?
- ¿Cómo te relacionas con tus heridas?
- ¿Hay cosas que te cuesta perdonarte?
- ¿Qué heridas crees que te definen?
- ¿Cómo podrían contribuir a tu Yo en lugar de definirlo?

Redefinir la forma en que te relacionas con tus heridas no es positividad tóxica, que puede expresarse así:

- «Todo sucede por algo».
- «Mira el lado bueno».
- «Podría haber sido peor».
- «¡Anímate!».

La cuestión es comprender que las heridas pueden crear una profundidad que ahora nuestra alma es capaz de llenar. Las heridas nos desafían y nos cortan, y puede que no salgamos «más fuertes» de ellas, pero sí sabremos cómo es la experiencia. Eso también puede significar algo, si se lo permitimos.

Las creencias

Las creencias son un lugar cómodo donde se esconden nuestros miedos. Todos tenemos creencias, de algunas somos conscientes y de otras no. Lo que creemos acerca del universo, de otras personas (culturas, grupos generacionales, razas, profesiones), de los conceptos de «bueno» o «malo», y de cualquier otra cosa sirve de parámetro de nuestra existencia: representa cómo entendemos el mundo. Ser conscientes de nuestras creencias es clave, en especial las que fomentan la pérdida del propio Ser.

- ¿Qué creencias te hacen sentir mal con tu Yo y dónde y/o de quién las has adquirido?
- ¿Qué creencias tienes sobre los demás?
- ¿Qué creencias tienes sobre el mundo?
- ¿Qué creencias tienes sobre tu propósito o sentido en la vida?
- ¿Cómo te afectan las creencias que has enumerado?
- ¿Qué crees que mereces?
- ¿Quién crees que es tu Yo?

Nuestras creencias también crean nuestras suposiciones. Estas reemplazan la interacción deliberada y son atajos para nuestra mente. Nos ayudan a dar sentido al mundo sin tener que procesar información todo el tiempo. Sin embargo, las suposiciones no nos dejan mucho espacio para encontrarnos genuinamente con nuestro Yo ni con aquellos que nos rodean.

Las siguientes son cuatro razones por las que suponer algo puede ser perjudicial:

1. Las suposiciones suelen ser erróneas: las suposiciones suelen decirnos más sobre quiénes somos nosotros que sobre quiénes son los demás. Las suposiciones suelen reflejar nuestros miedos, inseguridades, sesgos o prejuicios.
2. Las suposiciones pueden dificultar la conexión: las suposiciones pueden impedirnos ver a las personas tal como son e interactuar con ellas.

3. Las suposiciones a veces surgen de la pereza: si suponemos algo, no nos esforzamos por buscar las respuestas que necesitamos.

4. Las suposiciones nos ayudan a eludir responsabilidades: las suposiciones pueden ser una forma cómoda de eludir la responsabilidad, porque muchas veces nos llevan a culpar a los demás (por ejemplo, «le falté el respeto a tal persona porque es tal cosa»). Las suposiciones nos permiten crear la representación que necesitamos para afrontar una situación o para justificar nuestros propios defectos y comportamientos.

Suelo pensar en el espacio como el escenario de nuestra existencia. Si el escenario está ocupado por personas y cosas que no pertenecen a él, no podemos expresar nuestro Yo; no tenemos espacio para interpretar el rol (para «ser» la persona) que está en mayor consonancia con nosotros. Heidegger afirmó: «¿Cómo va a llegar el nuevo día si se le oculta la noche y todo se suprime en el crepúsculo de la indecisión?».[52] Reformulemos eso: **¿Cómo vamos a ser nuestro Yo si la forma en que existimos sigue expresando versiones que no son nosotros?**

En el proceso de limpieza, me deshice de muchas versiones de mí misma que se habían creado de forma pasiva, sumisa y casi accidental. Sin embargo, aunque Heidegger sugería que las interpretaciones erróneas de nosotros mismos son un obstáculo obstinado para la autenticidad, también sostenía que son necesarias:[53]

Estas interpretaciones erróneas de la trascendencia, de la relación básica del *Dasein* con los seres y consigo mismo, no son meros defectos de pensamiento o perspicacia. Su razón y su necesidad residen en la propia existencia histórica del *Dasein*. Finalmente, estas interpretaciones erróneas deben hacerse, para que el *Dasein* pueda corregirlas a fin de alcanzar el camino que lleva a los fenómenos verdaderos.

Quiero que sepas que está bien luchar con tu sentido del Ser, y que está bien tropezar con malentendidos por el camino. Confiar en que todo forma parte del proceso puede aliviar parte de la presión y ayudarnos a aceptar que somos humanos.

La belleza está en la decisión de actuar, de ser, «ahora».

Entonces, ¿qué necesitas limpiar para hacer espacio para tu Yo?

LA DURA VERDAD

A veces, para abrazar lo que somos,
necesitamos despojarnos de todo lo que no somos.

RECUERDA

Querido Yo:
aligera tu carga.

8. El cuerpo eléctrico: reconéctate con tu cuerpo y comunícate con él

S iempre me ha gustado el dicho «no se puede estar en misa y repi-
cando». Por ejemplo, no podemos disfrutar de la libertad por renunciar a la responsabilidad por nuestro cuerpo y, a la vez, saborear la
deliciosa sensación de corporeización por abrazar plenamente nuestro
ser físico. La realidad es que jamás he conocido a una persona que re-
chazara o ignorara su cuerpo pero conservara una íntima relación con
su Yo. Cuando rechazamos o ignoramos nuestro cuerpo, rechazamos o
ignoramos un aspecto importante de nuestro Yo, y para habitar nuestro
Ser de verdad, debemos tener relación con todos y cada uno de los aspectos que nos conforman.

Sin embargo, muchos sabemos lo difícil que es desarrollar una relación sana con nuestro cuerpo, y los motivos por los que eso nos
cuesta son infinitos. Una de las razones más comunes y desgarradoras,
o al menos de la que más se habla, son las expectativas poco realistas
fijadas por las dietas del momento, las redes sociales, la publicidad, la
industria del entretenimiento, diversas normas culturales y, a veces,
incluso nuestra propia familia. Pero, si nos quedáramos solo con esa
lista, faltaría incluir a quienes les han enseñado a ignorar su cuerpo, a
quienes nunca se han sentido a gusto en él, a quienes han aprendido a
usarlo para obtener cariño o aceptación, a quienes han sufrido abusos
físicos o sexuales, a quienes padecen dolor crónico o trastornos alimenta-
rios y a quienes tienen discapacidades. Y, por último, quiero mencionar a

quienes se sienten desilusionados o defraudados con su cuerpo porque no pueden tener hijos, disfrutar del sexo o porque están perdiendo la batalla contra una enfermedad. Más allá de la razón o de las razones específicas por las que no tenemos una relación sana con nuestro cuerpo, las consecuencias suelen ser una o todas las siguientes:

1. Nos desconectamos de nuestro cuerpo.
2. Nos preocupamos por nuestro cuerpo.
3. Nos asustamos de nuestro cuerpo.

A pesar de tratarse de una realidad generalizada, muy pocos reconocemos la relación que tenemos con nuestro cuerpo o decidimos hacer algo al respecto (y quizá no sabríamos por dónde empezar aunque quisiéramos). Tendemos a prestar verdadera atención a nuestro cuerpo solo cuando nos duele, cuando no hace algo que queremos que haga o como forma de expresar nuestra insatisfacción con su aspecto. Con el tiempo, nuestro cuerpo se convierte en algo que intentamos controlar y cambiar, en lugar de algo que disfrutamos, experimentamos y del cual aprendemos.

La mayoría no nos molestamos en prestar una atención positiva a nuestro cuerpo porque nos sentimos «con derecho» a que este colabore, funcione, sea bello y esté a nuestro servicio. ¿Por qué habríamos de validarlo o elogiarlo por algo que suponemos que «debería» estar haciendo? Es el mismo argumento que oigo cuando la gente dice: «¿Por qué debería estar agradecida a la camarera por ser amable y traerme bien lo que pedí? ¡Es su trabajo!». Vaya.

En definitiva, esta postura privilegiada con respecto a nuestro cuerpo puede llevarnos a la pérdida del propio Ser. Cuando tratamos nuestro cuerpo como un objeto, un sirviente o una propiedad, no nos molestamos en desarrollar una relación con él y, en consecuencia, tampoco con nuestro Yo. Tal vez esta actitud genere sorpresa, pero por desgracia es muy común.

Esta forma de pensar sobre nuestro cuerpo suele estar arraigada en la creencia de que la mente y el cuerpo pueden separarse o que podrían estar batallando entre sí (lo que también se conoce como dualismo). Esta mentalidad suele ir acompañada de varios supuestos. Uno es que existe una jerarquía de importancia (la mente sobre el cuerpo) o que la mente es «virtuosa y buena» y el cuerpo es «pecaminoso y malo». Este supuesto en particular puede ser perjudicial, porque nos han sometido a creencias que perciben nuestro cuerpo como un obstáculo para la autorrealización, instándonos a «trascenderlo». Tales representaciones han creado una desconexión y, en el caso de algunos, incluso la autoenajenación. Sin saberlo, hemos despojado a nuestro cuerpo de su sentido y su poder.

Quiero dejar algo claro: **no hay jerarquía cuando se trata del Yo; no hay aspectos que tengan prioridad sobre otros.** El Yo es cohesión y sintonía. Ser consciente de un aspecto no compensa que no nos percatemos de otro. Ser conscientes de nuestros patrones cognitivos o emocionales perjudiciales no compensa la falta de conexión con nuestro cuerpo.

Entonces, ¿por qué creemos que lo que realmente somos es «más», «mejor» o «más sabio» que nuestro cuerpo?

En parte, la respuesta es que hemos reducido el cuerpo a sus funciones biológicas y propiedades físicas, como por ejemplo la apariencia. Hemos empezado a verlo como una mera herramienta, y no como una entidad que está presente, siente, percibe y se comunica; y, al adoptar esta actitud, hemos caracterizado al cuerpo como algo diferente, separado de lo que somos. Esta desconexión, o cosificación, ha cambiado la forma en que vemos nuestro cuerpo. En lugar de entenderlo como una parte importante de lo que «somos» (una realidad que debemos aprender a aceptar), ahora lo vemos como algo externo (un proyecto que necesita alteraciones o modificaciones constantes). Nuestro cuerpo se ha convertido en algo que podemos rechazar o desechar. Puede que algunos incluso lo veamos como algo ajeno, algo que ni siquiera forma parte de nosotros. Como resultado, ha dejado de ser un «espacio» seguro para muchos y se ha convertido en una moneda social con la que compramos amor, aceptación y nuestro lugar en este mundo.

Es común que se determine el valor de nuestro cuerpo en función de lo que nos da y no tanto en función de lo que es. Desde luego, hay valor en lo que el cuerpo ofrece, pero también tiene un valor inherente y un propósito sin el cual no existimos. Tomémonos un momento para asimilar esa idea. La sociedad suele hablar del amor propio, la positividad corporal o la neutralidad corporal como una forma de fomentar una mentalidad sana y la autoaceptación. Si bien son actitudes admirables, omiten un eslabón importante que hace que el objetivo, entendido como la auténtica comprensión de nuestro cuerpo y de la conexión entre este y nuestro sentido del Ser, sea casi imposible. Para mí, estos planteamientos se parecen un poco a intentar hacer una operación a corazón abierto con un botiquín de primeros auxilios.

Para cambiar la relación con nuestro cuerpo, primero debemos entender qué es el cuerpo.

COMPRENDER EL CUERPO DESDE LO EXISTENCIAL

No hace mucho, hice una pregunta sencilla a mi comunidad de Instagram: «¿Cuándo te sientes más como tu Yo?». Recibí una cantidad abrumadora de respuestas y, a pesar de ser todas diferentes, las atravesaba un tema común: la «corporeización». En la mayoría de las respuestas, las personas hablaban de, por ejemplo, hacer senderismo, bailar, practicar estiramientos, respirar hondo, llorar o practicar sexo; actividades que les permitían interactuar con su cuerpo y experimentarlo. Era en esos momentos de corporeización cuando se sentían más auténticas, vitales y en sintonía. ¿Por qué no respondieron cosas como «cuando leo una revista» o «cuando veo Netflix»?

Porque la corporeización es una forma de crear autenticidad.

Nuestra capacidad de acción, nuestro sentido de cohesión y de continuidad en el tiempo se basan en la corporeización, es decir que, si eliminamos el cuerpo, eliminamos nuestro acceso al Yo y, posiblemente, al propio sentido del Ser. Como humanos, experimentamos el mundo a través de nuestro cuerpo, percibiendo e interactuando con las cosas que nos rodean en la medida en que nuestro cuerpo nos lo permite o nos lo impide. La vida entra por el cuerpo; el cuerpo es poder.

Maurice Merleau-Ponty, filósofo francés conocido por sus aportaciones a la fenomenología, escribió que «el cuerpo es nuestro medio general para tener un mundo»[54] y, más adelante, que «el interior y el exterior son inseparables. El mundo está plenamente dentro y yo estoy plenamente fuera de mí».[55] Dicho en pocas palabras: **al experimentar nuestro cuerpo somos capaces de experimentar y conocer nuestro Yo**. Si no experimentamos el mundo a través de nuestro cuerpo, no existe el Yo. No es de extrañar, pues, que el Yo no se «encuentre» en nuestra mente, sino en nuestro *corps vivant** o cuerpo vivido. El cuerpo vivido nos permite experimentar, participar y comprender la vida.

Desde el punto de vista existencial, los humanos no solo «tenemos» un cuerpo, sino que «somos» nuestro cuerpo (para nuestro Yo y para los demás), lo que es aún más importante. Un cuerpo es más que carne y un corazón que late, más que lo que vemos en el espejo. Si bien un aspecto de nuestro cuerpo sí se caracteriza por las facultades de este, es decir, por las capacidades objetivas, las limitaciones y las propiedades, el cuerpo es más que un producto biológico o una «herramienta» usada por nuestro espíritu. Entiendo el concepto de *Dasein* (ser-en-el-mundo) de Heidegger como una dinámica entre el Ser subjetivo (la mente) y el Ser objetivo (el cuerpo) en la que se constituyen y moldean mutuamente. Esto ocurre cuando nuestro cuerpo participa con sus experiencias vividas, y guarda una íntima relación con sus sensaciones y sentimientos. Son esas sensaciones corporales las que representan estar vivo; existir.

El cuerpo-sujeto y el cuerpo-objeto

Cuando alguien nos mira, revela nuestra presencia y confirma que existimos. Por eso, cuando alguien se niega a mirarnos a los ojos o no nos

---

* Término popular utilizado por Merleau-Ponty.

mira en absoluto, puede que reaccionemos así por instinto: «¡Ey! ¡Aquí estoy! ¡Mírame!». Queremos que nuestra existencia se confirme, reconozca y perciba, y solo se nos puede percibir por tener un cuerpo. Sin embargo, el cuerpo no solo se representa a sí mismo, sino que representa lo que somos. En pocas palabras, nuestro cuerpo es como nuestro mediador, un agente que está en el mundo.[56]

Mi querido Jean-Paul Sartre escribió y habló extensamente sobre la experiencia objetiva y subjetiva del propio Ser. Por lo general, experimentamos nuestro Yo como sujeto (el narrador de la historia), pero, si alguien nos mira fijamente el tiempo suficiente, podemos llegar a tomar conciencia de que somos un objeto en la experiencia subjetiva de «esa» persona («su» historia). Como seres humanos, se nos pide que mantengamos estas dos realidades en nuestra mente a la vez: que todos somos agentes, o los protagonistas de nuestra vida, pero también somos personajes secundarios en la vida de otras personas, es decir, objetos que otros observan. (No era de esperar que esto fuera sencillo, ¿verdad?).

Un ejemplo conocido que da Sartre es el de una persona que observa lo que ocurre detrás de una puerta cerrada a través del ojo de una cerradura.[57] De repente, oye pasos que vienen de atrás. En ese momento, la persona toma conciencia de que ha pasado de ser la observadora a la observada. Ser observada le hace tomar conciencia de que se ha convertido en un objeto para otra persona. No es que la persona observadora de repente nos haya «cosificado»; es lo que nos hemos hecho a nosotros mismos cuando hemos tomado conciencia de sentirnos observados.

¿Te ha pasado? Es ese momento en el que estás en el metro y estiras el cuello para ver qué está leyendo el desconocido que tienes al lado y, de repente, este hace contacto visual y se aparta. O cuando estás en tu coche cantando tu canción favorita y de repente te das cuenta de que el conductor de al lado te está mirando. En ambos casos, es posible que sientas vergüenza porque, hay que admitirlo, que nos perciban puede generar incomodidad. Nuestra libertad se siente amenazada cuando pasamos del ser-para-sí (*l'être-pour-soi*)[58] al ser-para-los-otros (*l'être-pour-autrui*);[59] es decir, pasamos de nuestros propios atributos percibidos (cómo entendemos que es nuestro Yo) a que nos confieran atributos basados en lo que somos para otra persona.

Del mismo modo, en nuestras propias representaciones e ideas sobre otras personas (los objetos), es importante recordar que en realidad no adquirimos conocimiento «sobre» el otro... no de verdad. Lo que hacemos es adquirir conocimiento «del» otro, lo que nos permite experimentar nuestro Yo. Nos hacemos una idea de cómo se nos presenta esa persona y de cómo la experimentamos, lo que, en definitiva, nos da más información sobre quiénes somos nosotros que sobre quiénes son ellos.

Lo que quiero destacar es que lo que somos viene determinado por cómo nos mostramos y cómo experimentamos el mundo. Sin embargo, no podemos mostrarnos ni hacer nada en el mundo, no podemos existir, sin nuestro cuerpo físico. Nuestra relación con nuestro cuerpo y la relación de este con los demás es compleja y está entrelazada. Nos permite descubrir lo que nos hace únicos y lo que significa «habitar nuestro Ser». Si nos sentimos desconectados de nuestro cuerpo, perdemos nuestra fuente de vitalidad. Perdemos nuestro sentido del Ser.

La desconexión

A muchos nos han enseñado a desconectarnos de nuestro cuerpo. En nuestra sociedad, se ha vuelto normal pasar horas viendo videos o desplazando la pantalla del teléfono hasta el punto de que perdemos la conciencia de nuestra presencia física. Muchos eligen hacerlo porque no solo libera dopamina, la sustancia química de nuestro cerebro que «nos hace sentir bien», sino que también nos permite desconectarnos de verdad de nuestra existencia. Es casi como si una parte de nosotros desapareciera cuando usamos dispositivos tecnológicos de forma mecánica.

Esta sensación de «desaparecer» se produce cuando nuestro cuerpo se reduce a la condición de simple objeto: una máquina. Bombea sangre, respira aire, responde a estímulos, pero deja de ser la fuente de cómo comprendemos la relación con los demás y con nuestro Yo. Esto es lo que significa estar desconectados.

Para algunos, esta desconexión se produce con el tiempo, como consecuencia de algo que se les ha enseñado o modelado. Para otros, puede producirse como resultado de experiencias desagradables o dolorosas, como el fallecimiento de un familiar, o de un acontecimiento traumático, como un accidente de coche. Lo difícil de estar desconectados de nuestra forma física es que muchas veces no somos conscientes de ello. Siempre que veo a un nuevo cliente o una nueva clienta, siento curiosidad por su relación con el cuerpo. Suelo observar cómo hablan de su cuerpo, cómo lo tratan y lo conectados que están con él como entidad y no como objeto. Estoy atenta a interpretaciones reduccionistas de su cuerpo, y suelo preguntarles si este tiene algo que añadir a nuestras sesiones: «Si tu cuerpo pudiera hablar, ¿qué diría? ¿Qué te está comunicando tu cuerpo en este momento?».

Misha era una joven de veinticuatro años cuyo mundo giraba en torno a su relación. Se apuntó a terapia solo para poder desenmarañar su relación y que le aconsejaran «cómo lograr que funcionara». Era muy consciente de sí misma, estaba en sintonía emocional y, sin embargo, me daba la sensación de que no estábamos encontrando toda la verdad. Sentía que, por más que pusiera mi atención en ella, no la veía a ella de verdad. No creía que Misha me ocultara nada a propósito; solo creía que no tenía pleno acceso a sí misma.

Con los años, he aprendido que, cuando nuestra mente no tiene las respuestas, estas suelen estar en nuestro cuerpo. Así que, durante una pausa natural en la conversación, le pedí a Misha que cerrara los ojos y respirara profunda y uniformemente mientras pensaba en su pareja durante sesenta segundos. Puse en marcha el cronómetro y, tan solo unos segundos después, comenzaron a brotar las lágrimas. Al final, las lágrimas se convirtieron en sollozos incontrolables. Transcurridos los sesenta segundos, Misha abrió mucho los ojos, incrédula. Se dio cuenta, por primera vez, de que le tenía miedo a su pareja. Su cuerpo sabía algo que ella ignoraba, se había aferrado a cosas que ella había intentado olvidar. Ya teníamos la respuesta: le estaba costando gestionar la relación porque no se sentía segura en ella.

Cuando no consultamos ni escuchamos a nuestro cuerpo, es más probable que ignoremos nuestras experiencias, por lo que nos resultará más difícil reconocer lo que necesitamos de verdad y hacer los cambios correspondientes. Tenemos que acostumbrarnos a prestar atención a nuestro cuerpo y aceptar que su presencia beneficia el modo en que lo comprendemos (subjetivamente), en lugar de limitarlo. Aquel día, Misha aprendió una lección importante.

Veo casos de desconexión entre el Yo y el cuerpo todo el tiempo. Y nunca me sorprende. Los mensajes que fomentan esta dinámica son sutiles y crónicos. La mayoría de nosotros ni siquiera somos conscientes de que nos han enseñado a ignorar nuestro cuerpo, desconfiar de él o exigirle más de lo que puede dar. Las siguientes son algunas frases que es posible que hayamos oído y que hayan dañado nuestra relación con el cuerpo:

- «No llores» (aunque estés triste).
- «No puedes ir al baño» (ignora los mensajes de tu cuerpo hasta que termine la clase).
- «Cómete todo lo que hay en el plato» (aunque tengas el estómago lleno).
- «Deja de comer para tener un cuerpo delgado» (aunque tengas hambre).
- «No te quejes» (aunque te duela).
- «Tu cuerpo tiene que ser perfecto» (está bien criticar y hacer lo que haga falta para «arreglarlo»).
- «Tu cuerpo es para los demás» (no necesitas establecer una relación con él, solo «úsalo»).
- «Esfuérzate más» (para que los demás vean los resultados).
- «Ya descansarás cuando hayas muerto» (ignora las necesidades de tu cuerpo).
- «No le des importancia» (anestesia o descarta tu malestar).
- «No te acuestes con cualquiera» (controla tus necesidades o expresiones sexuales).
- «No exageres» (no te expreses de forma que no guste a los demás).

Esta desconexión del cuerpo y el Ser puede manifestarse de muchas formas, a veces muy inesperadas. Uno de mis primeros clientes era un varón de casi treinta años que había empezado a hacer terapia para explorar sus hábitos de pornografía y masturbación. Se dio cuenta de que su comportamiento afectaba su vida sentimental y le preocupaba no poder ser feliz en una relación duradera. A lo largo de varias sesiones, expresó su frustración por el hecho de que ningún razonamiento lógico ni intento de «autocontrol» le habían impedido encender la computadora y masturbarse entre cinco y ocho veces al día. Comentó que sentía asco de sí mismo por cosificar constantemente a las mujeres, y reconoció lo degradante que era tal actitud. Incluso en esta sesión, pude ver que era consciente desde lo cognitivo, pero seguía desconectado de todo lo que decía. No vi ninguna emoción en él, solo un rostro inexpresivo. Era como si estuviera leyendo un guion escrito por otra persona. Su frustración acabó convirtiéndose en ira, y su ira en desesperanza.

Tras varias semanas trabajando con él, escuchándole contar su punto de vista y normalizando su experiencia, empecé a fijarme en el lenguaje particular que usaba cuando hablaba de su cuerpo. Describía sus genitales y deseos con crudeza, autodesprecio y distancia. Al principio, no me había dado cuenta de eso debido a la forma gráfica en que hablaba del cuerpo de otras personas.

Con el tiempo, fui aplicando estrategias para cambiar la conversación. En lugar de hablar de su relación con el cuerpo de los demás, empezamos a hablar de su relación con su propio cuerpo. No tardó mucho en llegar a la conclusión de que no buscaba satisfacción sexual, sino una conexión con su Yo. Para él, la masturbación era una experiencia de conexión y corporeización que lo ayudaba a sentirse más presente. Pronto se dio cuenta de que este hábito había comenzado justo después de un suceso traumático, que en su momento él no había percibido como tal. Enseguida su frustración se transformó en compasión y su toma de conciencia, en un cambio de comportamiento.

El proceso de este cliente me quedó grabado en la memoria. No porque fuera mi primer cliente varón ni porque fuera la primera vez que abordaba el tema de la masturbación, sino porque me enseñó dos cosas importantes: 1) todos buscamos una conexión con nuestro Yo, aunque no seamos plenamente conscientes de que hay una desconexión y 2) todos tenemos una representación de nuestro cuerpo (este cliente pensaba que «no podía controlarse» y que era «malo»), y a menos que le prestemos atención, esa concepción moldeará la relación con nuestro Yo sin nuestro consentimiento.

LAS REPRESENTACIONES DEL CUERPO

Imagina a una mujer caminando por la calle a medianoche. Tiene el maquillaje corrido y lleva los tacones en las manos mientras camina descalza por Nueva York. Parece estar ebria, con el pelo alborotado y el vestido arrugado. Choca contigo porque está mirando el móvil, y, cuando te das la vuelta para ver a la persona que no ha respetado tu espacio físico, ella ni siquiera se molesta en disculparse y sigue su camino.

La mayoría sentiríamos cierto fastidio. Sería fácil hacer suposiciones en función de la hora del día, el aspecto de la mujer y su comportamiento. Muchos sacarían conclusiones negativas. Lo que a la gente le costaría expresar, y además le sería imposible, es compasión por la experiencia concreta de la mujer, porque no saben cuál es.

Pero...

¿Y si supieras que está casada y acaba de descubrir que su marido la engañaba con otra? Se enfrentó. él. Él se puso agresivo, la sujetó por el pelo y la empujó contra la pared. La mujer estaba asustada y angustiada, así que salió corriendo de la casa con los zapatos en la mano y le envió un mensaje a su mejor amiga para que fuera a recogerla.

¿Y si supieras que esta mujer estaba en un bar celebrando el cumpleaños de una amiga y recibió una llamada inesperada para avisarle de que su padre estaba en la Unidad de Cuidados Intensivos? En pleno estado de embriaguez, salió de inmediato del bar y se quitó los tacones para poder caminar rápidamente y pedir un taxi que la llevara al hospital.

¿Y si supieras que estuvo en una discoteca, se emborrachó, coqueteó con la novia de otra persona y terminó peleándose en público?

No se echó atrás y siguió gritando y haciendo comentarios groseros sobre la pareja hasta que el personal de seguridad le pidió que se marchara.

¿Y si supieras quién es esa mujer? ¿Y si, después de toparte con ella, te dieras cuenta de que es una prima, una amiga o una colega?

¿Y si reconocieras a tu Yo en ella?

¿Cambió cada uno de estos contextos lo que pensabas sobre la persona de esta historia? Claro que sí. Cuantos más detalles conocemos, más cambia nuestra relación con algo.

Es difícil querer a alguien que no conocemos muy bien, incluso nos cuesta que nos caiga bien. Es difícil reconocer el verdadero valor de una persona cuando nos separa la distancia o nos falta información. Es difícil establecer una conexión genuina con personas con quienes no nos comunicamos. Cuando nos encontramos con desconocidos, es fácil juzgar, asustarse o hacer suposiciones. Es fácil usar a los desconocidos como un lienzo en blanco en el cual depositamos nuestros propios prejuicios, proyecciones, suposiciones e inseguridades.

Si nuestro cuerpo es como alguien que no conocemos, como un desconocido, lo tratamos de esta misma manera. En consecuencia, aumentamos nuestra autoenajenación. Pero cuanto más sabemos, cuanto más conscientes somos, más probabilidades tenemos de desarrollar una representación basada en la realidad. Nos obligará a reconciliar lo que pensamos acerca de quiénes somos y cómo experimentamos nuestro Yo.

Solo cuando estamos dispuestos a enfocarnos en nuestro cuerpo y comprenderlo (en mayor o menor medida) nos abrimos a la intimidad, al respeto y a la compasión. Esta es la premisa en la que se basa mi trabajo clínico cuando ayudo a mis clientes a reconciliar su relación entre el cuerpo y el Yo. **Si tenemos dificultades con nuestro cuerpo, lo más probable es que no lo comprendamos lo suficiente para compensar cualquier juicio, miedo o crítica.** Si queremos comprender el Yo, necesitamos abrazar, y estar «dispuestos» a abrazar, todo lo que está incluido en el cuerpo: la sabiduría, la complejidad y los aspectos que conforman nuestra esencia.

La representación de nuestro cuerpo a veces se ve limitada por cómo «queremos» verlo y el tipo de relación que consideramos beneficioso mantener con él. Es tentador decir «no me gusta mi cuerpo» en lugar de «no me gusta mi Yo». Nos parece menos arriesgado. En mi trabajo he observado que muchas personas proyectan sus inseguridades y desilusiones en su cuerpo. En lugar de enfrentarse a la dura realidad de que les cuesta establecer vínculos, no tienen problema en culpar a su cuerpo por que las hayan abandonado. «Debe de haber sido por mi aspecto», piensan. No consideran que haya sucedido por haber tratado mal a la camarera ni porque no tuvieran cosas en común con la otra persona ni porque quisieran cosas distintas de la relación. En algunos casos, no en todos, nuestro cuerpo se ha convertido en el chivo expiatorio de la historia de nuestro Yo.

- ¿Comprendes la historia de tu cuerpo?
- ¿En qué representación y creencias se basa la forma en que lo percibes?

Primero tenemos que definir qué significa «cuerpo» para nosotros. A continuación incluyo algunas sugerencias con las que puedes empezar. Dependiendo de tus experiencias de vida o de lo que des por sentado, estas preguntas pueden resultar más difíciles de responder para ti que para otras personas. Pero, al margen de quién seas, la exploración de tu cuerpo sigue siendo igual de importante.

- ¿Qué significa tu cuerpo para ti?
- ¿Cómo describirías tu relación con él?
- ¿Cómo quieres que cambie tu relación con él?
- ¿Qué acontecimientos han influido en la relación con tu cuerpo?
- ¿Cómo te ha ayudado tu cuerpo? ¿En qué te ha perjudicado?
- ¿Qué te han enseñado las personas que te criaron o tus relaciones acerca de tu cuerpo?
- ¿Consideras que tu cuerpo es una ventaja o algo que te genera inseguridad?

- ¿Cómo quieres referirte a tu cuerpo: como una cosa, como «él», «ella», «elle», «yo»…?
- ¿Qué heridas emocionales necesitas curar en relación con tu cuerpo?
- ¿Qué esperas de tu cuerpo?
- ¿Puedes percibir tu cuerpo como «tú»?
- ¿Cuándo te sientes más conectado a él?
- ¿Qué parte de ti crees que tu cuerpo ignora o muestra erróneamente?

El proceso de cambiar la relación con nuestro cuerpo comienza por evaluar y reescribir las representaciones y creencias que tenemos acerca de él. Como ayuda para iniciar este proceso, exploraré algunas representaciones comunes que la gente tiene acerca del cuerpo y que pueden ayudarte a empezar a pensar en la relación que tienes con el tuyo.

Representación n.° 1: «Mi cuerpo no es un espacio seguro»

Una de las representaciones más frecuentes es que nuestro cuerpo no es un espacio seguro. Tal vez vacilemos a la hora de confiar en nuestro cuerpo o de darle el debido reconocimiento si consideramos que está en nuestra contra, como es el caso cuando sufrimos ataques de ansiedad. También es posible que nos sintamos amenazados por su proceso natural de envejecimiento, que nos hace temer que se deprecie nuestra «valía». Como seres humanos, nos asusta lo desconocido y lo que no podemos controlar. Y, para nuestra desgracia, el cuerpo experimenta cambios constantes (forma, peso, altura, color del pelo, textura de la piel, debilitamiento de los huesos). Por eso, la relación que mantenemos con nuestro cuerpo es compleja y fluctúa todo el tiempo. La verdad es que el cuerpo se desgasta, se rompe, se deteriora y acaba por morir. Se nos ha condicionado a sentirnos insatisfechos o incluso avergonzados de que nuestro cuerpo cambie (por ejemplo, a muchos nos disgusta que el cuerpo haga precisamente lo que debe hacer) y, en lugar de celebrar la longevidad de nuestra relación con él (¡si tenemos suerte!), nos sentimos cada vez más insatisfechos. Además, la sociedad ha «justificado» nuestra crueldad y se nos ha recompensado por cada intento de mejorar, cambiar o «perfeccionar» el aspecto de nuestro cuerpo. ¡Con razón no parece un espacio seguro! Con razón para muchos se presenta como el villano de nuestra historia. Tenemos que cambiar esta representación, y para lograrlo, debemos confiar en el proceso y la sabiduría de nuestro cuerpo.

Sé lo que es sentir que tu cuerpo no es un lugar seguro. Como muchos, he sentido que, en mayor o menor medida, me ha generado sensaciones de desconexión, absorción y miedo.

El miedo no era el primer motivo de discordia que tenía con mi cuerpo, pero sin duda era el más absorbente. Cuando tenía poco más de veinte años, sentía terror por los ataques de pánico. Percibía mi cuerpo como algo temperamental e irracional; sin previo aviso, podía paralizarme. Pero esta semilla del miedo respecto de mi cuerpo en realidad se plantó en la escuela secundaria, durante una curiosa llamada telefónica.

Una mañana, cuando tenía dieciséis años, estaba sola en casa preparándome para ir al colegio cuando un hombre llamó para hacer una «encuesta». Me tomó por sorpresa y sentí el ya conocido temor que me invadía cada vez que atendía una llamada así por accidente. Primero me preguntó cuántos años tenía, y de inmediato le dije que era menor de edad. Una encuesta normal habría terminado con este dato, pero cuando estaba a punto de colgar, el hombre me tomó por sorpresa al decirme:

—No pasa nada. —Esa debería haber sido la señal de que debía colgar, pero estaba confundida, así que no lo hice.

Las primeras preguntas fueron bastante inocuas: qué música escuchaba, qué programas de televisión veía, qué marcas de ropa y colores me gustaba usar. Después me pidió más información personal sobre mi edad, estatura, color del pelo y a qué escuela secundaria iba.

Se activaron las alarmas, así que empecé a mentir. Y cada vez que mentía, él se reía o emitía un «ajá» que dejaba entrever que no me creía. Luego preguntó:

—¿Cuál es tu talla de sujetador?

Me quedé callada. Empecé a sentir el latido de mi corazón en los oídos. Al cabo de unos segundos, dijo:

—¿Hola?

Salí de mi asombro y colgué el teléfono con un golpe. Miré el número en el identificador de llamadas. Era un número oculto.

Tal vez fue una broma, tal vez no. En cualquier caso, me sentí amenazada. Dada la naturaleza de las preguntas que me hizo el hombre y los actos que se sucedieron, como más llamadas telefónicas imposibles de rastrear o desconocidos estacionados o de pie frente a nuestro edificio, la policía creyó que quizás había sido objeto de un intento de trata de personas. Suponían que, como iba a la escuela todos los días por el mismo camino, tal vez llevaban tiempo siguiéndome y sabían qué aspecto tenía. Me sentí amenazada y lo primero a lo que culpé fue a mi cuerpo. Desde entonces, empecé a pensar: «Si no tuviera mi aspecto, no estaría en peligro. Si mi cuerpo no fuera deseable, quizá nadie querría usarlo ni hacerme daño».

Unos meses después, a pocas semanas de haber comenzado el primer año de la universidad, ya sufría los embates de un acosador (en serio, de esos capaces de matar a tu novio y encerrarte en un sótano). Él pensaba que oía a Dios y estaba convencido de que era el nuevo Adán y yo, su Eva. En su mente, estábamos destinados a repoblar el mundo y propagar el «buen» mensaje. Cada vez que miraba a mi alrededor, él estaba allí, observando desde la distancia. Me seguía a todas partes, y sin ninguna sutileza; era casi como si sintiera que tenía «derecho» a supervisar mi vida. Me sentí amenazada (otra vez), y las personas que estaban en mi vida empezaron a sentirse cada vez más incómodas cerca de mí, el blanco andante. El personal de seguridad del campus lo consideró relativamente peligroso y terminó internado por problemas de salud mental. No sufrí ningún daño físico (otra vez tuve suerte), pero se solidificó la representación de mi cuerpo fundada en el miedo.

«Si me visto bien o enseño la piel, ¿corro peligro? ¿Puede mi aspecto constituir una amenaza para mi vida? ¿Es seguro mostrarme en el mundo?». No podía salir de casa sin hacerme estas preguntas. Tuvieron que pasar casi diez años para empezar a sentir menos miedo y poder replantearme la representación de mi cuerpo. Mientras tanto, siempre andaba con las llaves en la mano, llevaba poco maquillaje y nunca enseñaba demasiada piel. Sé que no soy la única mujer que ha tenido dificultades por tal representación.

Representación n.° 2: «Nuestro cuerpo es un proyecto»

Se ha despojado a nuestro cuerpo de su complejidad y su propósito, por lo que ha quedado desprotegido y es vulnerable a las exigencias de la sociedad. A veces parece que nuestra felicidad depende de nuestro aspecto físico, de una figura ideal impuesta por la cultura y que cambia cada pocos años. En mi infancia y mi adolescencia, vi un sinfín de películas que promovían el cliché de una chica poco atractiva que se sometía a un cambio de imagen con una bonita canción de fondo antes de encontrar al amor de su vida. Pero incluso las chicas guapas y populares no estaban satisfechas. Creo que todos hemos visto *Chicas malas,*[60] ¿verdad? Quiero enfocarme en la escena en la que las tres chicas se ponen delante del espejo e identifican las cosas que odian de su cuerpo: las caderas, los gemelos, los hombros, las arrugas, los poros grandes y las uñas. La protagonista, interpretada por Lindsay Lohan, se sorprende ante la cantidad de cosas «malas» que puede tener el cuerpo de una persona. Y aquí es donde sale a relucir la verdad: no hay cuerpo ni cambio de imagen que sea «suficiente» para la sociedad, porque los estándares son volubles y poco realistas. A las mujeres se nos anima a parecernos a las de las redes sociales o las películas, aunque ni siquiera ellas se vean igual que en sus fotos y a muchas no les guste su aspecto.

Por una razón u otra, muchos hemos aceptado el desafío de obtener nuestra valía a través de la apariencia. He trabajado con muchos clientes que se han tomado el proyecto muy en serio y han puesto en riesgo algo importante, su Yo, en pos de algo inalcanzable: la perfección.

Ester había tenido una relación difícil entre su cuerpo y su Yo desde que tenía uso de razón. El hecho de que hubiera crecido escuchando un mar de críticas implacables por parte de su madre era tan terrible como obvio. Ya en la prepubertad le decían que estaba «gorda» y la obligaron a hacer dieta. Creció sin desarrollar confianza en sí misma, con dificultades para relacionarse con los demás, en particular con los hombres, y consigo misma. Hablaba de sí misma con pura crueldad: era despiadada. Tenía la creencia sumamente arraigada de que, si su aspecto fuera diferente, se solucionarían todos sus problemas: querría a su Yo, los hombres querrían salir con ella y su familia la aceptaría.

Así que se sometió a dietas peligrosas y restrictivas, además de a cinco operaciones estéticas. Las primeras fueron operaciones que consideraba «necesarias»: una liposucción y la eliminación de la piel sobrante tras perder peso. Pero después empezó a hacerse más y más «retoques», como agrandarse los senos. Se sentía mejor por un tiempo, hasta que ya no. Después de su última operación estética, cuya recuperación fue extremadamente dolorosa, Ester de pronto se dio cuenta de que su aspecto nunca resolvería sus problemas ni cambiaría lo que sentía. Lamentó el sufrimiento y el riesgo al que había sometido a su cuerpo. Lo había modificado, y ahora tenía un aspecto «maravilloso» para los estándares mayoritarios; sin embargo, aún le costaba quererse y aceptarse a sí misma. Todavía no estaba contenta de ser quien era. Por más alteraciones físicas que se hiciera, no conseguía aplacar la inseguridad, la vergüenza y la ansiedad que sentía por no alcanzar los estándares externos ni ser «digna» de amor. No podía reconocer la valía de lo que ella era, y perder peso y cambiar la forma de su nariz no resolvían el problema.*

En una sociedad obsesionada con la imagen propia, es fácil permitir que el aspecto devalúe o degrade el cuerpo. Pero fijarnos solo en el aspecto del cuerpo sería como admirar al mejor cardiocirujano del mundo por su pelo. Si «solo» nos preocupamos por el «aspecto» de nuestro cuerpo, estamos despojando al Yo de toda nuestra identidad y de nuestro sentido del propósito.

Representación n.° 3: «Nuestro cuerpo es una herramienta»

Trisha tenía casi treinta años cuando se encontró en una de las relaciones más largas de su vida: más de quince meses y con un bebé en camino. Un día, vino a una sesión sintiendo una gran ansiedad por el estado de su vida sexual. Le preocupaba que la frecuencia de los encuentros sexuales con su pareja estuviera disminuyendo, ya que se sentía cada vez más incómoda físicamente por el embarazo, y que él fuera

---

* No estoy para nada en contra de la cirugía plástica, pero creo que la intención, la razón y los sentimientos que impulsan la decisión son los que moldean la experiencia y el impacto que esta tendrá en la vida de cada uno.

a dejarla por ese motivo. Si bien ella entendía que tenía muchos rasgos atractivos, no pensaba que fueran suficientes para retenerlo si no estaba satisfecho sexualmente. Ella disfrutaba del sexo con su pareja, pero admitió que para ella el objetivo principal era garantizar que él estuviera contento. Esta idea no era nueva para Trisha. Había hecho uso de su cuerpo para agradar, pertenecer y ser aceptada desde que era preadolescente, cuando se besaba con chicos en las fiestas para que la siguieran invitando. Y siempre acababa igual, sintiéndose usada y vacía. Porque nuestro cuerpo no es una herramienta que podamos prestar a los demás, sino parte integral de lo que somos. Trisha no era consciente de cuánto estaba sacrificando, porque no era consciente de cuánto valía su cuerpo.

Esto no quiere decir que no podamos alcanzar objetivos en colaboración con nuestro cuerpo, como correr una maratón, bailar en el salón de casa o masturbarnos. Cuando usamos nuestro cuerpo como moneda de cambio, ahí es cuando le restamos valor. Ocurre cuando separamos a nuestro Yo para evitar que «experimente» el cuerpo y así poder usarlo. Ocurre cuando perdemos de vista lo sagrado de nuestro cuerpo y la importancia de lo que este representa.

> ¿Has usado alguna vez tu cuerpo de un modo que no se alineaba con lo que eres?
>
> ¿Has actuado alguna vez de un modo con el que no te identificabas o que no te parecía «correcto»?
>
> ¿Has pensado alguna vez en tu cuerpo como una herramienta más que como una extensión de tu Yo?
>
> ¿Has perdido alguna vez de vista que tu cuerpo es tu fuente de vida?

Representación n.º 4: «Nuestro cuerpo es para los demás»

La mayoría consideramos que nuestro cuerpo es valioso solo cuando los demás piensan lo mismo. Nos formamos una representación de nuestro cuerpo que refleja el trato que hemos recibido de los demás. Una clienta, Olivia, era una mujer inteligente y exitosa de unos cuarenta años a la que le costaba salir con alguien. No solo intimidaba a la mayoría de sus citas con su ambición y éxito financiero, sino que muchos perdían el interés después de enterarse de que era virgen (al menos así lo interpretaba ella). Se crio en un hogar conservador y, si bien ya no compartía la cultura de la pureza carnal en la que se había criado, se enfrentaba a su evidente falta de experiencia sexual.

Se definía a sí misma como «indeseable» y «poco femenina» porque su cuerpo no había sido deseado ni explorado sexualmente por otros. Poco a poco, empezó a menospreciar su propia valía por la falta de interés de los demás. Olivia dijo que no se sentía «suficientemente mujer». Comprendí por qué lo decía: si consideraba que su cuerpo estaba destinado a los demás, la falta de interés de estos le impedía apreciar su cuerpo, su Yo.

A pesar de leer literatura erótica, animarse a comprar un vibrador, moderar un grupo de debate en Internet y empezar a participar en chats gratuitos sobre sexo, Olivia dijo que aún se sentía «incompetente». Así que empezó a escribir ficción erótica como forma de expresar sus deseos y fantasías, y de conectar con su ser sensual. Pero como sus citas nunca llegaban a «nada», venía a las sesiones desanimada porque la habían rechazado, otra vez, tras revelar su virginidad o porque alguien había hecho un comentario sarcástico sobre no querer ser «responsable» de su primera vez. Los hombres querían «divertirse», no «enseñarle». También se preguntaban qué «problema» tenía si con más de cuarenta años seguía siendo virgen. Con el tiempo, empezó a sabotearse a sí misma (actuaba de forma distante, hacía bromas inapropiadas, evitaba la vulnerabilidad o la honestidad) para alejar a los demás y perpetuar la idea de que nadie la quería porque era virgen. En el fondo, sentía desilusión por su cuerpo, pero también miedo de probar algo nuevo. Había atribuido a su virginidad un sentido del que aún no estaba dispuesta a desprenderse.

Sin saberlo, Olivia había permitido que los actos de otras personas, además de sus propias suposiciones y temores, determinaran una de las relaciones más importantes que tendría en su vida: la relación con su cuerpo.

¿Han influido las acciones o palabras de otras personas en cómo te sientes respecto de tu propio cuerpo? ¿Cómo?

VUELVE A CONECTAR CON TU CUERPO, DESCUBRE QUIÉN ERES

No es fácil construir o reconstruir una relación con nuestro cuerpo, pero es posible. Una vez que hemos deconstruido nuestra representación, tenemos que reconstruirla; y no solo hablo de la representación, sino también de la relación. No basta con «entender» el cuerpo desde el punto de vista cognitivo, debemos ser capaces de experimentarlo, de corporeizarlo. Parte de este trabajo consiste en conectar emocional y mentalmente, pero también desde lo físico.

Seis maneras de conectar con tu cuerpo

1. Presta atención a cómo hablas de ti: empieza por observar cómo le hablas a tu cuerpo y lo que dices acerca de él. Si no tienes nada bonito que decir, no digas nada. Si alguien halaga tu aspecto, no desprecies el comentario ni bromees sobre tu cuerpo; disfrútalo. Si decides hablarle a tu cuerpo, ya sea en tu mente o en voz alta, asegúrate de que lo que dices sea auténtico. No hace falta tener una actitud «positiva», basta con hacerlo con respeto. No te trates con crueldad y abstente de señalar tus defectos delante de los demás. Toma esto como regla general: si no se lo dirías a tu mejor amigo o amiga, no se lo digas a tu Yo ni lo pienses. Sé lo difícil que es; requiere disciplina y práctica. No te preocupes si das un paso en falso. Lo primero que debes hacer es simplemente observar, y luego intentar disminuir la crueldad. Con el tiempo, verás que te resultará cada vez más fácil tratarte con bondad, y se fortalecerá el respeto por tu cuerpo y por tu Yo.
2. Da pie a la curiosidad: deja hablar a tu cuerpo. Con eso quiero decir: escúchalo, escucha lo que en realidad quiere en cada momento. ¿Necesita descanso o aire fresco? ¿No quiere practicar sexo en este momento? ¿Qué intentan comunicar tu

lenguaje corporal o tu ritmo cardíaco? Mantén un diálogo abierto y aprende poco a poco a desarrollar cercanía e intimidad con los elementos físicos que constituyen quien eres. Busca saber por qué tus dolores de cabeza solo aparecen cuando trabajas en determinados proyectos, o por qué se dispara tu ansiedad justo antes de ver a tu pareja. Tu cuerpo es sabio, así que escucha lo que tiene que decir. No reduzcas ni restrinjas la forma en que lo interpretas. Reconoce que tu relación con él es continua y que tendrás que mantenerte alerta para seguir el ritmo de esta entidad compleja y en constante cambio.

3. Identifica y satisface las necesidades de tu cuerpo: si tu cuerpo te da señales claras de que necesita hidratarse, dormir, comer o moverse, deja de suponer que sabes más que él o que no habrá consecuencias por ignorar lo que te dice. Al satisfacer las necesidades de tu cuerpo, desarrollas confianza en ti y demuestras que te respetas.

4. Muévete e interactúa con tu cuerpo: dale permiso para moverse y expresarse. Así, podrás experimentar genuinamente lo que es ser tú, a medida que vas conociendo tu cuerpo de una forma más íntima, primaria y vulnerable. Baila, come, haz objetos de cerámica, haz senderismo, nada, corre, practica sexo. Haz algo que te haga sentir los latidos de tu corazón, que te haga salir un poco de tu cabeza y entrar en tus cinco sentidos. Si no sabes por dónde empezar, espero que puedas sentirte alegre y libre experimentando. Prueba muchas actividades distintas y fíjate en lo que te da una sensación de vitalidad plena.

Esto es lo que les digo a mis clientes:

• Elige una canción que refleje tu estado de ánimo actual.
• Busca un lugar donde puedas tener intimidad y espacio para moverte.
• Enciende unas velas, apaga las luces, abre las ventanas para que corra una brisa agradable o pon una esterilla de yoga en el suelo. La idea es conseguir el ambiente tranquilo y agradable que necesitas.

- Comienza a reproducir la música y a mover tu cuerpo de la forma en que este desee. Deja que te guíe. Puede que necesites hacer estiramientos, bailar, saltar, mover la cabeza, tumbarte en el suelo e incorporarte poco a poco, respirar de forma consciente, etc.
- No trates de hacerlo bonito ni de que tenga algún tipo de estructura, y no lo hagas delante de un espejo. La idea es que tu cuerpo se exprese como quiera, sin que seas consciente de ello.

Cuando llegó la pandemia mundial y todos nos quedamos confinados en casa, empecé a hacer este «ejercicio» a diario. Al principio me sentía incómoda, pero pronto pasé a enfocarme muchísimo en la liberación, la conexión y la intimidad que surgían al observar, experimentar mi Yo y entregarme a él. El hecho de que quizás parecía ridícula era de lo más intrascendente. A ver, ¿a quién le importa? Si viera a alguien por una ventana bailando descaradamente, lo único que me generaría es impacto e inspiración, y tal vez incluso un poco de celos.

¿Puedes tomarte unos minutos para probarlo?

Después, reflexiona un momento. ¿Qué emociones, pensamientos o incluso opiniones te han surgido? ¿Qué has observado en tu cuerpo? ¿En el pecho y los hombros? ¿En el estómago? ¿En la frente? ¿Qué se siente al rendirse y confiar? ¿Te ha resultado difícil responder a tu intuición? Sigue haciéndolo; te prometo que cada vez será más fácil escuchar lo que te dice tu cuerpo.

5. Estudia tu cuerpo: muchos no tenemos conciencia de cómo se siente nuestro cuerpo ni de si retiene alguna tensión hasta que sentimos dolor físico o expresamos esa tensión desde lo emocional.

Probemos algo. Cierra los ojos, respira hondo un par de veces e identifica si hay alguna tensión en tu cuerpo. ¿Dónde la sientes? Ahora descríbetela. ¿Cómo la sientes? ¿Caliente y en llamas? ¿Fría y compacta, como un bloque de hielo? ¿Tiene movimiento? La mía muchas veces se manifiesta como una fuerte presión en la mandíbula o una tensión dolorosa en los hombros. Si estas partes del cuerpo llenas de tensión pudieran hablar, ¿qué dirían?

Ahora vuelve a estudiar tu cuerpo. Identifica las partes que sientas más relajadas, centradas y conectadas. ¿Qué observas? ¿Dónde hay ausencia de tensión? ¿Cómo las sientes? Describe la sensación. De nuevo, si estas partes de tu cuerpo pudieran hablar, ¿qué dirían? Las mías suelen decir: «No te va a pasar nada», «nota la paz dentro de tu Yo» o «todo va a salir bien».

Se trata de un ejercicio sencillo que no solo puede ayudarnos a tomar conciencia de cómo nuestro cuerpo experimenta y reacciona ante el mundo en un momento determinado, sino que también puede ayudarnos a enraizar a nuestro Yo físicamente en el presente.

6. Respira de forma dinámica: primero, solo necesitas fijarte en tu respiración. No intentes manipularla. ¿Es superficial? ¿Profunda? ¿Rápida? ¿Lenta? Ahora quiero que inhales profundamente y prestes atención a cuando llegues al límite de los pulmones. Observa cómo te contienen por dentro. Aguanta la respiración hasta que te veas «obligado» a exhalar, y luego exhala todo lo que puedas hasta que te veas «obligado» a inhalar de nuevo.* El objetivo es experimentar conscientemente este punto de transición en el que parece que no controlas tu cuerpo, pero a la vez guiado por su sabiduría. Puedes sentir la fuerza vital dentro de ti. Puedes aprender a confiar en tu Yo para seguir viviendo, para depender de tu Yo.

Es un buen ejercicio para recordarnos que tenemos libertad, pero dentro de unos límites que no podemos cambiar. Nuestro cuerpo nos empuja para quedarnos dentro de ellos. Incluso con la mayor fuerza de voluntad, la resistencia es firme e inamovible. Su poder

---

* Una vez más, agradezco a Längle esta técnica sencilla pero increíblemente poderosa.

se adueña de nosotros y nos pide que nos rindamos. Esto no es amenazante, es «revitalizante». Nos permite sentir el poder de la vida y desarrollar un sentido del Ser más seguro, centrado y conectado.

Debemos recordar que todas las relaciones requieren tiempo, cuidado y constancia: no basta con meditar una vez y hacer estiramientos en dos ocasiones. Ten en cuenta que la relación con tu cuerpo hay que cultivarla, no es solo una herramienta que se usa de vez en cuando. Debemos aprender a honrar la sabiduría de nuestro cuerpo, debemos permitirle participar del intercambio y tratarlo como un aspecto fundamental de nuestro Yo. Debemos ser conscientes de que el cuerpo es el medio a través del cual experimentamos el mundo y, en consecuencia, nuestro Yo.

———————

Como ya he mencionado, a los nueve años pasé meses interminables en refugios antiaéreos. Con el tiempo, los miembros de mi familia y yo aprendimos a fingir que nuestro cuerpo no existía, con el fin de suprimir las necesidades que teníamos pero que no podíamos satisfacer. Sin embargo, lo extraordinario fue que los únicos momentos que preservaron nuestro sentido de la humanidad, y posiblemente nuestra dignidad, fueron aquellos en los que expresamos nuestro Yo a través del canto y la danza. Fue en esas raras ocasiones cuando mostrábamos lo que nos daba mucho miedo decir y nos apoyábamos en la esperanza que, de otro modo, no nos animábamos a tener. Y fue en estos momentos de corporeización en los que encontré destellos pequeños aunque valiosos de mi sentido del Ser.

Cuando el mundo nos trata como si no fuéramos nada, cuando nuestra vida se ve amenazada o se percibe como algo trivial, tenemos la imperiosa necesidad de sentir nuestro Yo, de demostrar que existimos. Es un proceso activo; un acto de rebelión. Si nuestra relación con el cuerpo es pasiva, tendrá las cualidades de cualquier relación pasiva: falta de sintonía, de compromiso, de constancia y de alegría. A menos que reconozcamos el valor, la importancia y el poder de nuestro cuerpo y decidamos tratarlo con respeto, lo más probable es que no nos molestemos en interactuar activamente con él.

No existe el Yo sin el cuerpo y, sin embargo, la mayoría no hemos aprendido a tener una relación con él. Ahora nos toca educarnos a nosotros mismos, poco a poco, con cuidado y paciencia. Primero debemos liberarnos de las representaciones que nos ciegan, y después permitir que nuestro cuerpo profundice en la forma en que entendemos quiénes somos. No podemos comprender o captar por completo la intención y belleza de un cuadro con solo ver una esquina. Somos la obra de arte completa, y nuestro cuerpo no es más que el lienzo, el punto de entrada a nuestra existencia. Cuando bajamos el ritmo y hacemos una pausa, podemos restablecer nuestra presencia, la vitalidad y la conexión con nuestro cuerpo. Solo entonces podremos restablecer la conexión con nuestro Yo.

LA DURA VERDAD

No puedes rechazar o ignorar tu cuerpo e igualmente mantener una estrecha relación con tu Yo.

RECUERDA

Tu cuerpo tiene mucho que decir. Escúchalo.

9. Siéntelo todo: experimenta tus emociones y exprésalas

Como sociedad, no nos sentimos muy cómodos con las emociones, ya sean nuestras o de los demás. Es poco probable que oigamos a alguien decir: «Dios mío, ¿viste lo sensible que se puso Karen anoche en la fiesta?» e interpretarlo como un halago. O bien, después de ver a una persona gritar contra una almohada, casi nadie pensaría: «¡Sí, genia! ¡Estás arrasando en la vida!». Cuando alguien expresa sus emociones (sobre todo las aparentemente «negativas»), es común que la gente se burle de esa persona, la juzguen o piensen que actúa desde un espacio que ha nublado su «juicio». De algún modo, ser «sensible» se ha convertido en sinónimo de ser «irracional» o estar «fuera de control». En muchas ocasiones nos sentimos avergonzados por el simple hecho de tener emociones, y también hacemos que otros se sientan así.

Esto no solo ocurre con emociones como la ira o la tristeza, sino también con la alegría o el entusiasmo. ¿Has visto alguna vez a una persona que se reencuentra con una amistad, gana un premio o conoce a una persona famosa y se vuelve loca de felicidad? ¿Alguna vez has pensado: «Mejor que se calme» o «Qué exagerado»? Sin duda, yo lo he hecho.

Pero hagamos a un lado los juicios de valor y hablemos de que casi nadie soporta presenciar o sentir emociones porque en realidad no saben qué hacer con ellas. Hay muchas habilidades humanas básicas que la sociedad, nuestra familia y las instituciones educativas no nos han enseñado: cómo poner límites, comunicarnos, cultivar la autoconciencia o las relaciones significativas, y cómo interactuar de manera sana con las emociones y expresarlas.

Peor aún, nos han enseñado lecciones que ahora tenemos que desaprender. ¿A cuántos nos han dicho que somos demasiado: muy exagerados o muy sensibles? ¿A cuántos niños se les ha pedido que bajen la voz cuando están entusiasmados o se les ha castigado por enfadarse? ¿A cuántos se les ha dicho «deja de llorar» sin que la madre o el padre supieran por qué lloraban? A demasiados.

En muchos casos, los niños a los que se elogiaba por ser «maduros» eran los que pensaban que tenían que reprimir sus emociones o atender las necesidades emocionales de quienes los criaban. Y esos mismos niños ahora son adultos que vienen a mi consultorio e intentan aprender a no priorizar los sentimientos de los demás a los suyos, o a dejar de juzgar y desestimar sus propias necesidades emocionales.

Lo que he observado en mi trabajo clínico es que, por lo general, los clientes que sufren la pérdida del propio Ser fueron criados por personas que tenían relaciones conflictivas o poco sanas con sus propias emociones. En esos hogares, las emociones solían ignorarse, reprimirse o, peor aún, castigarse. Muchos de mis clientes rara vez presenciaban momentos en los que quienes los criaron expresaban sus sentimientos o, si lo hacían, se manifestaban de forma confusa, abrumadora, destructiva o hiriente. Muchos se vieron desalentados a identificar o expresar sus emociones al enfrentarse continuamente a la desestimación o al cuestionamiento de sus experiencias, con comentarios de parte de sus padres como «¿de verdad ha sido "tan" malo?», «yo he pasado por cosas peores» y «¿qué problema tienes?». Cuando nuestro propio sistema familiar rechaza nuestras emociones, es probable que supongamos que también se rechazarán en otras relaciones. Y es más probable que nosotros mismos las rechacemos.

En lugar de que nuestras emociones se recibieran con validación o apoyo, a muchos se nos pedía que las explicáramos, justificáramos o defendiéramos. Rara vez, o quizás nunca, se satisfacían de verdad nuestras necesidades emocionales y, con el tiempo, aprendimos que nuestros sentimientos eran inútiles o arriesgados y que expresarlos era una debilidad o incluso una carga para los demás. Por eso, desde una edad muy temprana, muchos desarrollamos una relación tensa con nuestros sentimientos. Aprendimos que son algo en lo que no debemos confiar, algo que debemos ocultar, controlar o juzgar. Teniendo en cuenta que ahora sabemos que expresarnos es la única forma de «habitar» nuestro Ser, esencialmente aprendimos una lección que hizo casi imposible ser quienes somos.

Es fácil sentir frustración y desilusión por que nuestros modelos a seguir o nuestra estructura familiar crearan ciclos generacionales que ahora debemos romper. Pero lo más probable es que, en un momento dado, estos actos y creencias hayan servido a un propósito concreto (para ellos y para ti). Más allá de si tus emociones te generan malestar, las evitas o te cuesta gestionarlas, si el tipo de relación que tienes con tus emociones ya no te sirve, es hora de cambiarla.

No voy a ahondar en la ciencia que hay detrás de las emociones: hay muchos otros libros que lo hacen; más bien quiero hablar de la «filosofía» de la emocionalidad. ¿Empezamos?

A mí me enseñaron que las emociones son ««la experiencia de conmoverse». ¿No es hermoso eso? En lo personal, daría un paso más y afirmaría que las emociones son «el movimiento interior de nuestro Yo». No son solo una forma subjetiva de sentir algo, sino «el pulso de nuestra existencia».

Leamos esto otra vez. Es importante comprender la gravedad y el significado de las emociones, sobre todo si nos cuesta encontrarles el sentido o un propósito.

Sin embargo, si bien las emociones son sumamente importantes, ¿sabías que, según la neurocientífica y escritora Jill Bolte Taylor, la vida fisiológica de una emoción es de unos noventa segundos? En concreto, ella afirma lo siguiente: [61]

Aunque hay ciertos programas del sistema límbico (emocional) que pueden activarse automáticamente, se necesitan menos de

90 segundos para que uno de esos programas se active, recorra nuestro cuerpo y luego se elimine por completo de nuestro torrente sanguíneo.

Impactante, ¿verdad? Lo más probable es que hayas pasado más de noventa segundos sintiendo enfado, tristeza o felicidad. Entonces, ¿por qué perduran las emociones? La respuesta breve es que lo que nos contamos y nos volvemos a contar desencadena esos sentimientos una y otra vez. En lugar de ser testigos de la emoción, es decir, en lugar de observar cómo nos sentimos, cómo eso se expresa en nuestro cuerpo y luego responder de manera adecuada, nos aferramos al «pensamiento» que la evocó. Es el apego, la interpretación o el significado que atribuimos al pensamiento o a la situación lo que perpetúa el sentimiento y nos tiene como rehenes.

Entonces, ¿en qué momento lo que sentimos se convierte en una elección? Si seguimos alimentando la idea de que algo nos hace daño o nos quedamos pensando en ello, ¿es culpa nuestra? ¿Significa que «elegimos» sentirnos así? La doctora Jill responde a esta pregunta con lo siguiente: «Una vez pasados los 90 segundos, tengo el poder de elegir conscientemente a qué bucles emocionales y fisiológicos quiero engancharme».[62]

¡Uf! Otra vez el tema de la elección.

Este punto de vista no busca culparnos por sentir cosas difíciles, sino más bien hacernos conscientes de nuestra capacidad. Concuerda perfectamente con la noción existencial de que «las emociones atraviesan la esencia de la persona»: «transitan por la libertad personal».[63]

Por eso las emociones siempre tienen un motivo, es decir, siempre tenemos un «porqué» para sentir lo que sentimos. Los «motivos» comunican las cosas que valoramos individual e intrínsecamente. Y los «valores» son las cosas que percibimos y sentimos como dignas o no desde un punto de vista subjetivo, y, por lo tanto, nos ayudan a involucrarnos en profundidad con nuestra propia existencia. ¡Son lo que más nos importa! Y, para cerrar el círculo, los valores son el motivo subyacente por el que preferimos una cosa en lugar de otra. Consideramos que algo es valioso cuando nos conmueve y nos produce un sentimiento positivo, o bien lo contrario: cuando nos produce un sentimiento negativo o no se alinea con nosotros. Para tener una participación directa en nuestras emociones y, a su vez, en nuestro Yo, debemos experimentar cómo nuestras emociones coinciden con nuestros valores.

Por ejemplo, si una persona valora la belleza, puede sentirse abrumada por lo magnífico de un cuadro o una pieza musical. Si una persona valora la vida y la justicia, como la mayoría, ver la cobertura de una guerra en televisión puede generarle sentimientos «negativos» (ira, tristeza), porque los actos que se muestran no coinciden con sus valores.

Los valores, de suma importancia, desempeñan un papel significativo en la forma en que tomamos decisiones y ejercemos nuestra libertad y responsabilidad. La función existencial de las emociones es «detectar los valores personalmente relevantes en las propias experiencias y estimular la propia vida».[64] O, dicho de otro modo, las emociones fuertes señalan lo que es importante para nosotros, por lo que otorgan a esas cosas una mayor presencia en nuestra vida.

Hazte estas preguntas: ¿qué me ha evocado alegría últimamente? ¿Qué me ha entusiasmado? ¿Cuándo fue la última vez que sentí agobio o desesperación? Lo más probable es que las respuestas revelen lo que más valoras.

En conclusión: **para expresar nuestro Yo, debemos sentir.** Por eso todos buscamos experimentar «algo» en nuestra vida, más allá de si lo buscamos en una cita, en nuestra carrera o a través de nuestros hijos. La mayoría estamos desesperados por «sentir» la vida, pero también nos aterra el panorama. Así que solemos mantener a nuestro Yo a distancia. Algunos hemos elegido seguir perdidos, no disponibles desde lo emocional, porque tenemos mucho miedo de enfrentarnos a las cosas y la persona que encontraremos dentro de nosotros. Otros han adquirido el hábito inconsciente de adormecer sus emociones con una agenda social repleta, bebiendo religiosamente esa copa (o botella) de vino nada más llegar a casa o dependiendo de las redes sociales para distraerse.

Puede que no seamos conscientes de ello, pero la mayoría funcionamos con las emociones en piloto automático. A casi nadie nos han enseñado ni animado a observar, validar o expresar nuestras emociones, por lo que no es de extrañar que no conozcamos a la persona que las expresa o que no disfrutemos de vivir nuestra vida.

OBSERVAR LAS EMOCIONES

A todos nos ha pasado alguna vez que nuestro cuerpo se está adaptando a hormonas, zonas horarias o climas distintos y notamos un cambio fisiológico por el cual creamos una historia basada en esas sensaciones. Por ejemplo, puede que una persona esté menstruando y que, por la hinchazón y una película triste que vio la noche anterior, termine pensando que morirá en soledad y por eso se sienta sola y resentida (¡vaya si me ha pasado!). Nuestras representaciones son poderosas, y no siempre son un reflejo de la realidad. Por eso es importante saber observar, así como ser capaces de separar los hechos de las proyecciones, suposiciones e interpretaciones. Esto no solo beneficiará a nuestras relaciones con los demás, sino también… ¡ahora dilo conmigo!… con nuestro Yo.

Observar nuestras emociones es el primer paso para comprenderlas. En lugar de evaluar nuestras emociones (es decir, etiquetarlas como «buenas» o «malas», «positivas» o «negativas»), empecemos a verlas como mensajeras de nuestro mundo interior. Propongo verlas como nuestra experiencia vivida y la esencia que se desprende del encuentro con el mundo que nos rodea. En lugar de preguntarnos: «¿Debería sentirme así?», empecemos a pensar en lo siguiente:

- ¿Qué creencias sobre las emociones me impiden abrazarlas?
- ¿Qué intenta decirme esta emoción sobre mí?
- ¿Qué intenta decirme este sentimiento sobre mi forma de relacionarme con los demás?
- ¿Cómo he cambiado a raíz de este sentimiento?
- ¿A qué valor apela esta emoción?
- ¿A qué idea o representación me estoy aferrando? ¿Por qué?
- ¿Siento más de una emoción?

Las emociones nos dan una idea de nuestras experiencias y de nuestro Yo. Al sentirlas en su totalidad, no nos convertimos en prisioneros de nuestras emociones, sino que pasamos a «aprender» de ellas. Aun así, también es importante señalar que no necesitamos sentir todas y cada una de las cosas que nos pasan. Sería una expectativa poco razonable. No se trata de dejarse consumir por las emociones, sino de ser «conscientes» de ellas. Se trata de conectar con nuestro Yo por medio de las emociones.

¿Cómo podemos reconocer las emociones sin dejarnos consumir por ellas?

Naturalmente, observar nuestras emociones a veces puede resultar abrumador. El siguiente es un truco que les enseño a mis clientes: cuando sientas una emoción muy fuerte, intenta identificar una o dos emociones más que también estén presentes; cuantas más mejor. Aunque pueda parecer contraintuitivo tratar de sentir más cuando se está abrumado, al identificar varias emociones en realidad podemos diluir el poder de la emoción consumidora. También tendremos una representación más realista de lo que sentimos. Puede que sientas agobio, pero también tristeza, desilusión y enfado. Puede que sientas frustración, aislamiento o simplemente tengas hambre (¡como me suele ocurrir a mí!). Cuando intentamos satisfacer nuestras necesidades, es más probable que lo hagamos bien si podemos identificarlas.

Al hacer esto, muchas veces descubriremos que experimentamos emociones contradictorias. Pero cuando sentimos una emoción fuerte, la mayoría no nos permitimos sentir otra emoción en apariencia contradictoria. Hacemos lo posible por conservar ambas. Por ejemplo, una combinación común es la de tristeza y alivio, pero solemos ignorar el alivio porque no sabemos cómo dar sentido a esos dos sentimientos juntos. Así que nos entregamos a la tristeza. Podemos sentirnos felices y también asustados, por lo que muchas veces preferiremos enfocarnos en una sola emoción (la que nos incomoda más y supone una mayor amenaza) por nuestro propio instinto de autoconservación. Pero somos seres humanos complejos que podemos albergar un amplio abanico de emociones contradictorias, cada una de las cuales comunica algo diferente o representa un valor único. Hasta que aprendamos a sentirlas todas, solo veremos una parte de nosotros.

¿Cómo podemos reconocer que los sentimientos no son hechos?

Debemos recordar lo siguiente: lo que sentimos representa nuestra realidad subjetiva, y no siempre los hechos. Que sientas rechazo no significa que alguien te esté rechazando. Que sientas inseguridad no significa que no seas capaz de hacer algo. Que sientas tristeza no significa objetivamente que haya una pérdida. Esto no invalida tus sentimientos, pero sí los limita. Representan tu realidad, tus desencadenantes, tus heridas, tus niveles hormonales o de fatiga, y mucho más. Esto no significa que debamos descartar los sentimientos; solo significa que son limitados a la hora de presentar una imagen completa, o incluso exacta, en todo momento. En términos más concretos, los sentimientos representan cómo «experimentamos» esa imagen.

¿Cómo podemos responder mejor a nuestras emociones?

Muchas veces no nos damos cuenta de nuestras emociones hasta que nos desbordan. Tenemos formas ingeniosas de eludir o ignorar nuestros sentimientos para no tener que enfrentarnos a ellos… hasta que no nos queda otra opción. Sin embargo, a menos que observemos nuestros patrones emocionales, es poco probable que los cambiemos. Me he dado cuenta de que, como humanos, tendemos a hacer dos cosas:

- Transformamos una emoción en otra más aceptable: por ejemplo, podemos transformar nuestra ira en ansiedad. Si crecimos en una familia que se sentía incómoda con la ira, o si nuestra pareja se vuelve agresiva si detecta frustración, es posible que hayamos aprendido que la ansiedad es una emoción menos peligrosa o más aceptable. A veces, eso se debe a nuestro instinto de autoconservación. Otras veces permitimos que nuestra falta de autoconciencia confunda a las personas que nos rodean. Queremos que «sepan» por qué estamos disgustados sin decírselo.
- Transferimos frustraciones: imaginemos que tu jefe te ha gritado. Entiendes que gritarle a él no es una opción porque te despediría. Así que reprimes tus sentimientos y, al volver a casa, le gritas a tu

novio. Esto es, por supuesto, injusto. Has transferido tu frustración de una persona o cosa a otra que, probablemente, no se lo merece.

Por ejemplo, hace poco me enfadé con un amigo por haberse comido todos mis cereales mientras estábamos de viaje. Mientras le decía lo vergonzoso que me parecía su consumo de cereales (sí, no me enorgullezco de este ejemplo) y que esa caja debería habernos durado toda una semana de viaje, él se limitó a mirarme y a decirme: «¿Un día difícil? Intuyo que aquí el problema no son los cereales». Tenía razón, por supuesto. Estaba estresada por una discusión con una colega y, como no sabía qué hacer para abordar la situación, arremetí contra él.

También transferimos nuestros sentimientos de un asunto a otro. Puede que tu enfado no tenga mucho que ver con el hecho de que alguien te haya pedido el control remoto sin decir «por favor», pero sí con que no te tuviera en cuenta al aceptar una oferta de trabajo en la otra punta del país. Si reaccionas cuando no te dice «por favor» en lugar de reaccionar al enterarte del trabajo, es muy probable que el otro piense que te has molestado por sus malos modales. Hacemos esto cuando sentimos que no tenemos derecho a enfadarnos por algo (quizá no hace mucho que estáis saliendo), así que descargamos nuestra frustración en un contexto que nos parece más «apropiado».

Una forma magnífica de aumentar nuestra conciencia y evitar que nos sintamos abrumados o «consumidos» es hacer comprobaciones periódicas. Puede ser tan básico como tomarse un momento cada día para preguntarnos: ¿qué siento? ¿Qué emociones (¡en plural!) están presentes y qué me están comunicando? ¿Hay emociones contradictorias? ¿Qué me dice mi cuerpo sobre cómo me siento?

Piensa en lo que te está pasando antes de entablar una conversación impulsada por las emociones. Pregúntate: ¿estoy cargando con algo que no tiene que ver con esta discusión en este momento? La honestidad y la franqueza guían nuestra autoconciencia. Cuanto más rápido reconozcamos una pequeña frustración y la abordemos, menos probabilidades habrá de tener una gran reacción emocional ante algo insignificante. Esto también permite que tu cerebro participe, ya que, si tu sentido de la razón no tiene cabida, volverás a convertirte en una versión unidimensional e inauténtica de ti.

VALIDAR LAS EMOCIONES

Es imposible sentir todo el tiempo o convivir con los sentimientos por tiempo indefinido. Solo tenemos que ser conscientes de ellos de manera deliberada. Como ya hemos visto, las emociones no son buenas ni malas, simplemente «son». Si nuestra idea es que ciertas emociones no deben sentirse o expresarse, puede que nuestra falta de honestidad nos impida observarlas en serio. Más bien las negaremos, ignoraremos y reprimiremos. A muchos nos han dicho no solo que ignoremos las emociones «malas», como la ira, la tristeza o la frustración, sino también que reprimamos las emociones fuertes y «buenas», como el entusiasmo, la alegría o el asombro. De niños, a muchos nos han regañado o castigado por llorar, gritar o reír demasiado fuerte y nos han recompensado por distanciar nuestro Yo de lo que sentíamos.

No voy a decir que no necesitamos validación externa; como ya se ha afirmado en este libro, sí la necesitamos. Sin embargo, es igual de crucial que validemos nuestros propios sentimientos: una habilidad muy necesaria en el caso de las experiencias que no compartimos con los demás. Si acarreamos un dolor de nuestro pasado del que nadie fue testigo, la confirmación externa no nos servirá para validar nuestra experiencia. A todos nos gusta saber que la gente nos ve, pero a veces la vida nos pedirá que veamos a nuestro Yo aunque los demás no lo vean.

Sin embargo, es importante entender que validar nuestras experiencias y sentimientos no significa validar nuestros actos. Cuando validamos nuestros sentimientos, podemos decir cosas como las siguientes:

- «Me siento muy triste en este momento».
- «Siento mucho agobio».
- «Siento rechazo aunque no haya pruebas de que eso haya ocurrido».
- «Eso sí que me hizo reaccionar».

No validamos nuestros sentimientos si decimos:

* «Está bien que haya hecho tal o cual cosa».
* «Eso debería dejar de molestarles».
* «He visto cosas peores».

Entonces, ¿qué ocurre si no estamos de acuerdo con nuestro comportamiento, pero necesitamos validar nuestras emociones? Aún podemos validarlas aunque no hayamos sido la fuente del dolor. Podemos decir: «No estoy de acuerdo con mis actos, pero elijo reconocer mi dolor». La validación no es un sello de aprobación, es el acto de reconocer lo que estamos atravesando o lo que hemos atravesado. Por ejemplo, una persona puede validar que se sentía sola y poco valorada, pero no por eso puede aprobar haber engañado a su pareja.

EXPRESAR LAS EMOCIONES

Desde niña, expresar mis emociones siempre me ha resultado agotador. A pesar de ser sumamente sensible, detestaba llorar, lo que a su vez generaba más sentimientos, porque me frustraba y enfadaba aún más por mis desbordamientos emocionales (vaya círculo vicioso). Pero, al reprimir mis lágrimas, estaba bloqueando el acceso a mi Yo. Lo único que siempre me afectaba, pasara en una película o en la vida real, eran las despedidas. Empezó a los nueve años, cuando me despedí de mi padre el día que me mudaba de Serbia a Canadá tras la guerra de Kosovo. Estaba haciendo un cambio enorme con mi madre y mis hermanos (mis padres ya estaban divorciados). El plan siempre fue que mi padre y yo nos reuniéramos, pero no tenía ni idea de cuándo volvería a verlo. Aún recuerdo cuando lo abracé en el aeropuerto y sentí que la pena y la incertidumbre me abrumaban por completo. Había unos diez amigos de la familia, además de gente totalmente desconocida, así que encima me sentí humillada en extremo, expuesta ante todos.

Pasaron muchos, muchos años antes de que me permitiera llorar de nuevo durante una despedida. Cuando por fin fui capaz de llorar, tenía diecinueve años y me despedía de mi primer amor. No estábamos terminando la relación, pero nos esperaban años de larga distancia. Estaba destrozada. Me sentía consumida por la tristeza y no tenía ni la más mínima idea de qué hacer. Recuerdo que me metí en la incómoda cama de mi dormitorio en la residencia estudiantil, me tapé con las sábanas y me pregunté:

«Si mis lágrimas pudieran hablar, ¿qué dirían?».

Dijeron que tenía miedo de que me abandonaran; dijeron que mi pérdida era profunda, incluso más profunda que mi experiencia actual; destacaron la soledad que sentía. Con eso en mente, en lugar de enfadarme conmigo misma, me comprendí y también comprendí mi reacción. Y es muy difícil tratar mal a alguien o estar molestos con alguien a quien podemos ver y comprender de verdad.

Desde el punto de vista existencial, las lágrimas nos dicen que la vida fluye dentro de nosotros; ¡seguimos aquí, estamos vivos! [65] Es un momento que debemos atesorar, una rara corporeización física y biológica de nuestro mundo interior. Por eso intento ayudar a mis clientes a encontrarse con sus emociones y, por ende, con su Yo. Por lo general, se juzgan y critican tanto que no pueden sanar, y semejante grado de desprecio por uno mismo solo puede existir si carecemos de empatía y comprensión.

Tuve una clienta, Jade, que se resistía a sus emociones con uñas y dientes. Era consciente de ello y decía que su vida transcurría en «piloto automático»: hacía las cosas con poca intención o sin compromiso genuino. Fue sincera al decir que percibía las emociones como una amenaza, ya que, según sus palabras, nunca le habían «servido». Había tenido varias relaciones abusivas, y las emociones no solo la habían llevado a permanecer en esas situaciones, sino que también disparaban la violencia que sufría. Empezó a asociar el hecho de expresarse con el abuso.

Jade también se negaba a sentir como forma de preservar su imagen de sí misma. Era «fuerte» y creía que validar sus sentimientos sería una forma de victimizarse. Se negaba a ser una víctima. A medida que desentrañábamos sus creencias, Jade empezó a cambiar la relación con sus emociones. Poco después, lloró en una sesión; las dos nos quedamos muy sorprendidas. Cuando se le secaron las lágrimas, admitió que era la primera vez que lloraba delante de alguien. Jade tenía veintinueve años.

Como ya he dicho, las emociones «nunca» son el problema; simplemente «son». Lo que sí puede ser un problema es la forma en que «respondemos» a ellas, aunque no siempre. Llorar en medio de una conversación difícil no es un problema. Pero romper la ventanilla del coche de alguien porque te has enfadado sí lo es. No toda expresión es problemática o poco deseable. Algunas dan lugar a una comprensión más profunda, y otras pueden ser perjudiciales; esta distinción es importante. Decidamos lo que decidamos expresar, debemos responsabilizarnos de ello. No todas las expresiones emocionales son apropiadas en todo momento. Llorar delante de un cliente porque me he peleado con mi madre, por ejemplo, no sería apropiado. No es mi emoción lo que es inapropiado, sino el momento, el contexto y la vía de expresión.

Algunos somos perezosos; queremos que la gente «sepa» cómo nos sentimos sin tener que decírselo. Eso nunca funciona. Para que te vean, tienes que mostrar tu Yo; de lo contrario, la otra persona tendrá que interpretar y proyectar su mundo interior en ti. Sin embargo, no todo el mundo «merece» tener acceso a nuestras emociones. Es posible que algunas situaciones no nos generen confianza para ser vulnerables, y mostrar emociones por la fuerza puede ser tan perjudicial como reprimirlas.

En resumen: permitir que nuestras emociones sean la premisa de todas las decisiones que tomemos puede llevarnos a realizar actos inauténticos, pero ignorar las emociones «garantizará» actos inauténticos. Tenemos que hacernos cargo de nuestras emociones y decidir «cómo» expresarlas, no si las sentimos o no.

Así que pregúntate: ¿qué emoción sientes en este preciso momento? ¿Qué necesitas hacer para sentir y ver la vida de verdad? ¿Cómo puedes expresar tu Yo en el mundo de forma auténtica y significativa?

Respuesta: acércate.

ACERCARSE

En noviembre pasado, estaba en un pequeño café de Ámsterdam, tomando té y escribiendo. En un rincón del salón, vi a una mujer acercarse a un hombre que estaba sentado bebiendo un café. En cuanto él la vio, se levantó y se abrazaron. En ese momento ambos se echaron a llorar. Por instinto, aparté la mirada para darles privacidad. Veinte minutos más tarde, vi que la mujer estaba sentada, aún sollozando, mientras el hombre le tomaba la mano, con los ojos vidriosos y aparentemente acongojados. De repente, ella me miró e hicimos contacto visual. En lugar de apartar la vista con incomodidad o secarse las lágrimas, me sostuvo la mirada y asintió con la cabeza. Reconocimos el dolor de la vida en ese momento; fue hermoso. No hicieron falta palabras: sus lágrimas se comunicaban conmigo. Sentí que la veía, que la entendía. Y, de alguna manera, yo también sentí que me veían.

Me conmovió profundamente que la mujer estuviera dispuesta a abrazar sus emociones de una forma tan pública. Pensé que era poderosa, valiente. Y de pronto, casi por casualidad, mi razonamiento cambió y empecé a preguntarme: ¿qué cosa terrible habría sucedido para «justificar» que llorara en público y durante tanto tiempo? ¿No le daba vergüenza? Y, entonces, a la que le dio vergüenza fue a mí. ¿Por qué pensaba algo así yo, una terapeuta que anima a la gente a aceptar y expresar la verdad de sus sentimientos? Lo que empezó como admiración y preocupación enseguida se había convertido en una evaluación. Pero ¿por qué? Bueno, si he de ser sincera conmigo misma (y con mis lectores), encontrarme con la vulnerabilidad de esa mujer, aunque fuera como espectadora, me conmovió profundamente. Y, por alguna razón, me sentí abrumada. En lugar de honrar mis sentimientos y atesorar esa conexión humana cruda y real, o en lugar de sentir curiosidad por lo que mi tristeza intentaba decirme, me desconecté al reemplazar la sintonía y la conexión por el juicio. No estaba dispuesta a encontrarme con mi Yo, así que dejé de encontrarme con ella.

Por un momento, me había «acercado» a la bella desconocida de la cafetería, pero después, por razones que tenían que ver conmigo, me alejé y pasé a ser una desconocida para ella y para mi Yo.

«Acercarse»* significa ofrecer una atención genuina que luego genera una disposición para la resonancia o conexión: una receptividad para

---

* Otro concepto que me cambió la vida, aprendido en mis estudios sobre análisis existencial. En ese momento no lo sabía, pero me aterraba estar en contacto con algo que evocara emociones en mí o abrirme a ello. No me di cuenta de lo evidente que era hasta que me topé con este tema en el manual de clase. Me percaté de que yo no existía de verdad en el mundo, estaba adormecida y apática, siempre observando y manteniendo una distancia «prudencial» (¡de mi propia vida!).

dejarse conmover por dentro, para sentir. Acercarse significa iniciar una relación aproximándonos a un pensamiento, un recuerdo, una persona, una obra de arte o a nosotros mismos. Lo que hace que esta dinámica sea única es que requiere cierto grado de entrega: permitir que el «otro» nos afecte de forma directa, que «haga» algo en nuestro interior. El acto de acercarse hace palpable la vida; nos permite prestar atención y estar presentes, experimentar conexiones profundas y una sensación de plenitud. Nos hace sentir vivos y auténticos, viviendo en plenitud, con conciencia, en cada momento.

Una forma práctica de acercarnos a la vida es practicar el diálogo interior. Podemos empezar haciendo las siguientes preguntas a nuestro Yo:

- ¿Cómo puedo contribuir personalmente a sentirme más vivo o viva?
- ¿Qué puedo hacer para conectar con la vida?
- ¿Qué creo que tiene valor para mí?
- ¿Me dejo conmover por las cosas que encuentro?
- ¿Tengo miedo de rendirme? ¿Por qué?
- ¿Cómo me afectan mis «encuentros»?
- ¿Cómo se siente mi vida cuando me permito experimentar a la «otra» persona, el «otro» lugar o la «otra» cosa?

Para acercarnos a cualquier persona o cosa, debemos hacer un «movimiento». Aquel día de otoño en Ámsterdam, giré el cuerpo hacia la mujer que lloraba para verla; me sentí profundamente conectada, viva, al reconocer que estaba en un momento saturado de sentido.

Y después me alejé. Giré el cuerpo en dirección contraria y clavé la vista en la pantalla del ordenador.

Imagina que te acercas a una persona. Tu cuerpo debe moverse y adaptarse a la posición del otro. Para adaptar la posición, debemos ver a la otra persona. Es todo bastante evidente, ¿no? Acercarnos a alguien o algo significa que nos concentramos en el otro, creando un espacio o una vía por donde canalizar nuestra atención. El espacio que nos separa convierte la brecha en un puente que nos permite a ambos acceder al otro. A la vez que enfocamos nuestra atención en esa persona, estamos abiertos

212 • YO, POR MÍ

a encontrarnos con lo que muestra. Nuestra atención se centra en nosotros, en la otra persona y también en comprender nuestras propias emociones mientras conectamos con el «otro». Esta es nuestra forma de establecer una conexión. Estar presentes nos permite profundizar una relación; también permite a quienes son testigos de nuestro acercamiento (a alguien o algo) vislumbrar nuestro verdadero Yo.

Como dijo Längle durante mis estudios:

Entablar una relación significa dejar que los demás sean ellos mismos. Significa respetarlos en su existencia, permitirles que su existencia esté en la mía. Significa darles lugar y espacio para estar en mi vida.

Acercarse es también una forma de ofrecer y recibir aprobación, porque es una afirmación positiva en sí misma. Hay voluntad e intención presentes en el movimiento; es como decir: «Lo tengo todo listo para ponerme en movimiento y encontrarme contigo. ¡Lo importante para mí eres tú!». Es una forma de trascendencia propia, así como una corporeización más profunda del Yo. En el proceso de acercarnos a alguien, podemos determinar con eficacia si la relación es valiosa y si queremos invertir nuestro tiempo en ella.

Simplemente, se trata de evaluar nuestros recursos internos: la capacidad para dedicar tiempo, cercanía y atención. Cuando nos acercamos a algo doloroso, como el duelo, evaluamos si somos capaces de afrontar las pérdidas internas o externas.

Durante mucho tiempo, yo no me acerqué porque temía enfrentarme a mi propia oscuridad (mi propia nada percibida). Quería vivir sin sumergirme en la existencia. Quería nadar sin mojarme. Quería ser consciente de mí misma sin el esfuerzo de la reflexión. Quería que los demás me vieran con autenticidad, aunque a mí me seguía costando verme a mí misma porque en realidad no quería hacerlo. Acercarse es un tipo de conexión emocional que requiere un estado de vulnerabilidad y cierta disposición a mostrar nuestros sentimientos, pero también requiere que el «otro» esté dispuesto a recibir y encontrarse con lo que se le está mostrando.

En el otro extremo, está el acto de «alejarse». Es fácil adivinar cómo ocurre. El alejamiento se produce cuando hacemos cosas que no tienen valor para nosotros, cosas que no nos gustan o que no se corresponden o no resuenan con lo que somos, más allá de que sean decisiones o actos grandes o pequeños. **Los actos que no nos reflejan son actos que nos pasan por alto.** Es el acto de pasar por alto nuestro Yo y dar más valor a personas y cosas «distintas» de lo que somos.

Al alejarnos, nos abandonamos, y me atrevería a decir que es una forma de autolesionarnos. Lo que más duele es que somos nosotros los que «causamos» nuestro propio sufrimiento. Cuando nos alejamos, ya no somos capaces de sentir nuestro Yo, y, en efecto, pasamos a ser desconocidos para él. ¿No es doloroso cuando otros nos abandonan, ignoran, engañan o traicionan? Ese dolor es diez veces más fuerte cuando le hacemos estas cosas a nuestro Yo.

Cuando hacemos cosas que no tienen valor o que no nos provocan una resonancia interna, tendemos a sentirnos agotados (porque gastamos más energía y no recibimos nada a cambio), apesadumbrados, pequeños, insignificantes, doloridos, restringidos, vacíos o incluso inertes. ¿Alguna vez has asistido a un evento al que no querías ir, has estado en una relación de la que querías salir, has tenido conversaciones en las que no tenías intención de participar o has trabajado en un empleo en el que sentías como si hubieras muerto por dentro cuando llegaban las cinco de la tarde del viernes? No sientes rabia ni tristeza ni alegría, solo agotamiento y apatía.

A mí me pasó. Me sentía «muerta» por la pérdida de mi Ser. Había muchísimas cosas que no me gustaban de mi relación y de mi vida en aquel momento, pero no podía admitirlo. Era consciente de que no estaba satisfecha con mi Yo y que estaba enfadada con él, y me alejé de mi Yo de tal manera que dejé de sentir el desagrado, solamente «sabía» que estaba ahí. Era como ver un video gracioso y pensar «ja, ja» porque «sabes» que es gracioso, pero en realidad no te estás riendo.

Mi capacidad para intelectualizar mis circunstancias («Claro, "sé" que no soy feliz...») y el hecho de no «sentirlo» («... pero tengo muchas cosas que hacer y no puedo "perder" tiempo en eso») hizo que el proceso de cambio fuera largo y difícil. Esto se debe a que los pensamientos que no van acompañados de sentimientos son más fáciles de olvidar, pasar por alto o ignorar. Sin embargo, cuando nos permitimos sentir nuestros sentimientos, es más probable que tengamos en cuenta nuestros pensamientos y los abordemos. Por eso, muchas veces hace falta que una persona «toque fondo» (sea lo que sea que eso signifique para ti) a fin de que implemente un cambio de verdad. Puede llegar hasta el punto de que la experiencia se vuelva tan visceral y amenazante desde lo existencial que no pueda suprimirse ni ignorarse, a diferencia de la pura razón. En mi caso, no cambié hasta que empecé a sufrir ataques de pánico graves que me debilitaban físicamente.

Y aunque sentir mis sentimientos fue doloroso (Dios mío, fue muy doloroso), también fue significativo y, en definitiva, inestimable. Me permitió entrar en contacto con mi Yo de una forma que no había logrado con ningún otro proceso. Por eso las emociones son fundamentales y, en realidad, el único camino para sentir lo que es ser nosotros.

¡Así que dejemos de combatir nuestras emociones o de intentar controlarlas! Lo digo en serio: cuanto más lo intentemos, más represalias tomarán. Y creo que todos sabemos que tarde o temprano la verdad tiende a salir a la luz. Nuestros sentimientos no nos atraen como sirenas que seducen a los marineros para luego matarlos. No son malintencionados; son la única forma que tenemos de ser nosotros mismos. Las emociones son como una marea que sube o baja más allá de si les damos permiso o no. Pero en lugar de combatir, de nadar contra la corriente y ser presa del zarandeo de las olas, deja que su poder y su movimiento te impulsen y te lleven a acercarte a tu Yo.

LA DURA VERDAD

Cuanto más te resistas a tus emociones,
más van a controlarte.

RECUERDA

Si quieres saber quién eres,
acércate a tu Yo.

PARTE IV

EL YO QUE ERES

Una cosa que tengo clara es que es importante no dejar que tu vida te viva a ti. De lo contrario, acabas a los cuarenta con la sensación de no haber vivido de verdad. ¿Qué he aprendido? Tal vez aprendí que debo vivir ahora, para no llegar a los cincuenta y lamentarme al recordar los cuarenta. [66]

IRVIN D. YALOM

10. El arte de habitar tu Ser

E stoy sentada en mi escritorio preparándome para ver a mi próxima clienta cuando unos golpecitos en la puerta me avisan que son las tres de la tarde.

—Adelante —digo.

Alcanzo a oír la voz apagada de Claire incluso antes de que entre en el consultorio. Está hablando por teléfono. Empuja la puerta con el codo, apretando el aparato entre la oreja y el hombro mientras lleva varias bolsas de compras en las manos. Me dirige una sonrisa rápida y distraída y camina hacia su lugar preferido. Mientras se sienta en el sillón, la oigo decir:

—Sí, sí, está bien, sí. Te llamaré en cuanto termine. —Después de eso, cuelga.

Sin tomarse un respiro, empieza a contarme acerca de su semana, en la que ha habido varios desacuerdos, recados y disgustos. Un torrente de palabras llena el espacio que nos separa mientras ella me cuenta todos (y digo todos) los más mínimos detalles de sus días desde la última vez que nos vimos: desde el momento en que encontró por casualidad una foto de su ex que le provocó una avalancha de emociones hasta el instante en que se le rompió la pantalla del iPhone cuando iba a comprar huevos al supermercado.

Normalmente, me encanta escuchar detalles porque me ayudan a tener una idea más completa de la vida de una persona, pero esa tarde en particular, sentía que mi Yo se desconectaba y dejaba de escuchar (¡los terapeutas también son personas!).

Antes esos momentos me generaban culpa, pero un mentor me dijo una vez que, si uno está distante en una sesión, significa que no está viendo al cliente de verdad: o bien uno no ve lo que se está presentando, o bien el cliente se está ocultando a sí mismo, lo que suele ocurrir a través de relatos. Así que, como soy consciente de que mi desconexión es un síntoma de algo, mi trabajo consiste en abordarla.

Me conecto, me acerco.

—... Dios, no sabes lo que me molestó que él no me contestara el mensaje... ¡uf! Y no vas a creer lo que dijo mi jefe esta semana... Además, mi amiga me dejó plantadísima este fin de semana, un desastre...

Mientras intento concentrarme, vuelvo a perderme en el torrente de detalles. Claire salta de queja en queja sin tiempo siquiera para darles a sus palabras un momento para llegar a destino. Dice mucho, pero parece que experimenta muy poco. No detecto emoción, conciencia ni sentido en sus relatos.

¿Acaso participa genuinamente en su propia vida?

Hago todo lo que puedo para seguirla. Hasta que dice algo inesperado y logro meterme:

—... Ni siquiera sé lo que quiero o quién soy.

Me enderezo, alerta.

—Empecemos por ahí —digo, quizá con demasiado entusiasmo.

Si bien Claire y yo hemos hablado de su deseo de conectar con su Yo y de que siempre tiene la agenda repleta para no quedarse nunca sola, porque estar sola la obligaría a sentarse y observar su realidad de verdad (cosa que no le gusta), ella sigue sintiéndose abrumada ante la perspectiva de enfrentarse a quién es. ¿A quién va a ver? ¿Y si no le gusta la persona que ve? ¿Y si no la respeta?

En ocasiones anteriores, le había sugerido que pasara más tiempo sola y en silencio, pero cada vez que se lo mencionaba, su rostro se fruncía con verdadero dolor. Para ella, la idea de simplemente convivir con lo que estaba pasando era pura agonía. Así que decido mostrarle lo sencillo que puede ser; le demuestro que, con un poco de intención y quietud, podría aprender mucho sobre su Yo. Al interactuar con la vida de una forma tan sencilla como si interactuara con un objeto, puede acceder a un nuevo estado de conciencia y desarrollar intimidad consigo misma. Con su permiso, decidimos que deje de detallar cómo fue limpiar su horno dos días antes y empezamos un ejercicio guiado.

Le pido que se ponga cómoda en el sillón. Ella cambia un poco de posición, juntando los pies apoyados en el suelo y hundiéndose más en el cuero. Primero inhalamos profundamente las dos y luego le pido que cierre los ojos. Repito unas afirmaciones tranquilizadoras como: «Estoy tranquila», «Mi mente se va quedando callada», «Me siento cómoda y en paz con el lugar en el que estoy en este momento». Observo que sus músculos se relajan y los párpados se agitan, como si estuviera sumida en un sueño tranquilo y ligero.

—¿Sientes sobre qué estás sentada? —le pregunto. No necesito que responda en voz alta, pero sí que piense en las preguntas. Continúo—: ¿Qué sientes?

Al cabo de unos segundos, le pregunto algo que le hace abrir los ojos de par en par:

—¿Qué intenta decirte el sillón?

Claire me mira, tratando de ver si es una broma. Asiento con la cabeza, y ella cierra los ojos y se reacomoda en el sillón.

—¿Qué significa el sillón para ti?

Veo que su rostro se frunce en un gesto de pregunta y luego se pone serio de repente.

—¿Qué significa que el sillón esté aquí y tú estés sentada en él? ¿Qué hace «contigo»? ¿Qué hace «por ti»?

Noto que su respiración se acelera. Está interactuando con las preguntas.

—¿Puedes aceptar lo que te dice el sillón? ¿Te gusta lo que dice? ¿Te parece bien?

De repente, veo una lágrima rodar por la cara de Claire. Con voz suave, continúo:

—¿Qué respuesta quieres darle al sillón? ¿Qué quieres decir?

Arranca el llanto. Claire empieza a sollozar, con los ojos aún cerrados.

Al cabo de un minuto, desvío su atención de su mundo interior:

—¿Todavía sientes el sillón?

Ella asiente con la cabeza. Con delicadeza, continúo:

—¿Cómo está reaccionando el sillón a lo que tenías para decirle?
La dejo pensar en la pregunta.

—¿Qué os estáis diciendo entre vosotros?
Claire se enjuga las lágrimas que le han rodado por el mentón.

—¿Puedes entregarte al sillón? ¿Contenta? ¿Libre?... ¿Sientes la confianza?

Ella empieza a sollozar de nuevo. Sube las rodillas al pecho, con los talones apoyados en el borde del sillón.

Le doy unos segundos y después hago las últimas preguntas:

—¿Quieres confiar en el sillón? ¿Quieres entregarte a él con todo el peso de tu cuerpo?

La animo a quedarse conectada al sillón hasta que se sienta bien.

Después no digo nada más. Nos quedamos en silencio.

Claire ahora se queda llorando; poco a poco, apoya ambos pies en el suelo, y la respiración se vuelve más profunda. Las lágrimas se detienen.

Le digo que, cuando le parezca que ya es suficiente, debe abrir los ojos y estirarse.

Cuando abre los ojos, parece cansada, pero más que nada sorprendida.

—¿Qué te ha pasado? —pregunto.

—Mucho —responde ella, y se pone a contármelo. Habla tranquila, con tono pausado y palabras llenas de reflexión, y reconoce que es la primera vez que se permite pensar en su cuerpo, prestarle verdadera atención. Me dice que, hablando con sinceridad, le parece que nunca pone todo su peso en ningún sillón porque no cree que puedan soportar su «complexión». Después hace una conexión: esto se parece un poco al hecho de que no cree que «nadie» en su vida pueda apoyarla. Cree que tiene que soportar sola la carga de la vida. Se «ha sorprendido» cuando le he pedido que escuchara lo que el sillón tenía para decir; hay que reconocer que no está acostumbrada a escuchar a los demás, sino a hacer suposiciones y proyecciones rápidas, rellenando los espacios en blanco con su mente. Por último, dice que tener la oportunidad de contestarle al sillón, a los cimientos de su vida en los que no confiaba, le ha dado miedo, pero también fuerzas. Nunca había sentido que pudiera «contestarle a la vida», hasta ese momento.

«Estoy alucinada. Que pueda aprender tanto sobre mi Yo tan rápido y conocer más el mundo (o en este caso, el sillón en el que estoy sentada) de forma genuina... es tan sencillo, es transformador. Me he sentido más conectada con mi Yo que nunca. Todo por un sillón», dice Claire.

Y yo ya no me siento desconectada.

Esa sesión de terapia no se desarrolló así solo por el sillón.* El ejercicio ayudó a Claire a desarrollar una «actitud fenomenológica» que la llevó de una percepción externa a una interiorizada. Una habilidad fundamental, en mi opinión, para ser nuestro Yo.

Sé que es un poco intenso introducir un concepto nuevo hacia el final de este libro, pero has llegado hasta aquí conmigo (¡gracias!) y te prometo que es de vital importancia. En esencia, a esto se reduce todo. El término «fenomenología» viene del griego *phaínomai*, que significa aparecer. El objetivo de la fenomenología consiste en adquirir conocimientos solo «observando» lo que se presenta y relacionándose personalmente con lo percibido.** Se trata de una actitud con la que se busca comprender una esencia a partir de lo que vemos, no de lo que sabemos; es decir, no a partir de nuestras ideas preconcebidas. Es un estado de apertura que toma en serio todas y cada una de las cosas. **Es dedicarnos a estar realmente en el mundo.** Merleau-Ponty dijo algo parecido en su libro *Fenomenología de la percepción*: [67]

---

* Recuerdo haber hecho una versión de este ejercicio por primera vez en una incómoda silla de plástico en el sótano oscuro de una iglesia durante una de mis formaciones en análisis existencial (era el único espacio que pudieron alquilar a última hora, y era más que deprimente). Las palabras del profesor Längle fluían con naturalidad, y al principio pensé en lo absurdo que era estar intentando comunicarme con mi silla. Recuerdo que por dentro me burlaba pensando que era cosa de *hippies*, pero ya lo había pagado, así que bien podría probarlo. A los pocos minutos de dejar de criticar y de empezar a ofrecer verdaderas sintonía y atención, se me saltaron las lágrimas, por supuesto.

** Una forma de practicar la fenomenología es acercándose (¿ves la relación?).

Nada me determina desde fuera, no porque nada actúe sobre mí sino, al contrario, porque estoy desde el principio fuera de mí mismo y abierto al mundo.

Esta actitud, esta forma de existir, consiste en aprovechar todos los momentos fugaces que comprenden nuestra vida, momentos que nunca volverán a repetirse. Se trata de profundizar en nuestra comprensión y de «ser» siempre nuestro Yo.

Porque, en definitiva, *ser* (nuestro Yo) es un verbo.

Längle habla de la fenomenología en términos de comprender el mundo en mayor profundidad al permitirle que se vaya asentando, al permitir que llegue a nuestro Yo y al abrirnos a todo lo que el mundo nos muestra (una forma de apertura consciente). Solo podemos lograrlo si miramos con los ojos «desarmados», sin ninguna actitud defensiva ni motivación para usar algo o a alguien. Para que la comprensión sea más profunda, debemos ir «hacia dentro» y ser conscientes del impacto que está teniendo en nosotros, y luego volver «hacia fuera» para ver más. Tenemos que captar simultáneamente la impresión que el «otro» tiene de nosotros y también cómo se nos presenta la otra persona. En nuestra impresión, captamos su esencia. Jamás afirmaríamos con certeza: «¡Tú eres así!», sino que abordamos al otro con el mismo conocimiento con el que deberíamos abordar la comprensión de nuestro Yo: «Así es como te veo ahora. Así es como te presentas ante mí en este momento contigo. Esto es lo que este encuentro significa para mí».

El observador forma parte de lo observado. Si tenemos presente esta idea, podemos distinguir mejor dónde terminamos nosotros y dónde empiezan los demás. Y, lo que es más importante, podemos comprender mejor cómo el Yo y el otro están íntimamente entrelazados.

Todo aquello con lo que te encuentras, ya sea una silla, un cuadro, un vaso de agua, una puesta de sol, una conversación, un desconocido en el metro, tú en el espejo después de una noche sin dormir, es una puerta para comprender no solo tu mundo, sino tu Yo. Nuestro trabajo consiste en permanecer dispuestos a dejarnos conmover, impactar, por estos encuentros (con personas, cosas o ideas) e intentar comprender lo que cada situación quiere decirnos.

Esa es la clave. Si aún sientes confusión o agobio por la idea de convertirte en tu Yo o de habitar tu Ser, no pasa nada. Respira hondo y recuerda:

Tu Yo está al alcance de tu mano. Mira a tu alrededor: «eso» es lo que «eres».

Aquel día con Claire, mientras ella se conectaba con el sillón, yo me conectaba con ella. Y, a medida que ambas profundizábamos en nuestra comprensión del «otro», también profundizábamos en nuestro sentido del Ser (ella se enfrentaba a sus miedos, y yo asumía la responsabilidad de no haberme conectado con ella). Hace falta valor para estar en el mundo, para interactuar activamente con él en cada momento. Hay que tener mucho valor para habitar tu Ser.

Me pregunto cómo sería si todos, como sociedad, decidiéramos «mostrarnos» en lugar de ocultarnos o retroceder. ¿Cómo sería experimentar nuestro Yo en lugar de cargar con nuestras expectativas e ideas preconcebidas? ¿Cómo sería dejar que los demás nos vieran y que nos invitaran a verlos? ¿Cómo sería si todos nos preocupáramos realmente de vernos los unos a los otros? ¿Cómo sería si reconociéramos que todo puede decirnos algo, tanto sobre la cosa en sí como sobre nuestro Yo?

Recuperarnos de la pérdida del propio Ser y expresar nuestro auténtico Yo es como estar afianzados, arraigados en un entramado profundo e infinito de resonancia y sintonía maravillosas. Es una sensación de estar en lo correcto, de estar «en casa». Es la sensación de sentarse frente a una chimenea en un día frío y nevado, o de tirarse a una piscina fría el primer día de calor abrasador del verano.

¿Recuerdas a Alex, a quien mencioné al principio del libro? ¿La chica que vivía una vida que no le pertenecía? Ahora que su Yo ha dejado de estar perdido, cualquier día de su vida está lleno de intenciones. Se despierta y se toma un minuto para fijarse cómo están su mente, su cuerpo y su corazón. Las mañanas son ahora su momento preferido del día, ya que se pone a escuchar un pódcast de acuerdo con su estado de ánimo, prepara café y se prepara para salir. Elige la ropa, que, por cierto, últimamente es más llamativa, y prepara un desayuno que le siente bien a su cuerpo en ese momento. Consiguió un nuevo empleo y ahora acude al trabajo con un propósito, o como mínimo con respeto por su propio esfuerzo. Se concentra en los correos electrónicos cuando los escribe y está mentalmente presente en las llamadas, ya que se da cuenta de que le gusta mucho más trabajar cuando participa de verdad. Si bien durante el día sigue experimentando desacuerdos, decepciones y dudas, ahora los percibe, los valida y los aborda a medida que surgen. Después del trabajo, vuelve a su casa para leer el libro del club de lectura al que se ha apuntado: el de este mes es *Gente normal*, un libro que siempre ha querido leer pero para el que nunca ha tenido tiempo. Los jueves va a clases de *crochet*, algo que siempre quiso aprender. Hace poco ha empezado a salir con alguien, pero hace unos días que no sabe nada de esa persona. En lugar de mirar el teléfono esperando un mensaje, decide llamar ella. Cuando se acuesta, disfruta de sentir la almohada contra la cara. Apaga una vela y se duerme con la satisfacción de saber que ha vivido ese día para y como su Yo.

Habitar tu Ser es como saber que vives este y todos los días con un propósito. Así que observa, siente y «prueba» la vida. ¡Saboréala! Todo lo que te rodea puede enseñarte algo si se lo permites. Mantente alerta, presente, con una pasión irrefrenable por experimentar el mundo. No dejes que el miedo limite tus decisiones. Permite que la vida esté plagada de lecciones y triunfos, de momentos intensos y dolorosos, pero también de dulzura. No dejes de preguntarte: «¿Qué he aprendido hoy sobre mi Yo?».

Cuando te levantes por la mañana, en lugar de darte la vuelta para consultar tus mensajes de texto, las redes sociales o el correo electrónico, gira la cara hacia el sol y siente la suavidad de las sábanas que te cubren la piel. Mira la luz que entra por la ventana. ¿Llueve? Observa las gotas que corren por el cristal de la ventana. ¡Sal de la cama! Aunque te invada el cansancio, siente tu agotamiento. Mantén una conversación significativa, ya sea con otra persona o con tu Yo, mientras te preparas para el resto del día. Toma nota de tus emociones. ¿A qué le temes hoy?

¿Qué te molesta? ¿Qué podría calmarte? ¿Qué aporta vitalidad y pasión a tu vida?

Todo te dirá algo, si puedes apartar las distracciones el tiempo suficiente para escucharlo. ¿Tienes miedo de abordar tu vida? ¿De dejar que te afecte? ¿Puedes abrirte a la idea de que te lleguen tus sentimientos y pensamientos, las cosas y las personas que te rodean?

¡Es hora de exponer tu Yo a la vida! Sí, lo entiendo, sé que eso puede generar mucha vulnerabilidad y miedo. Confía en tu Yo hasta que sientas con qué te conectas, para saber qué experiencias quieres tener y, lo que es más importante, qué experiencias no quieres. Confía en ti para tomar decisiones que te beneficien. Nadie más puede entender lo que significa ser tú o vivir tu vida. Es un conocimiento íntimo que solo tú posees.

Así que, si quieres saber quién eres, si no quieres seguir con esa sensación de pérdida, abre los ojos. Asume la responsabilidad de tu libertad y toma decisiones. La molestia y el esfuerzo merecen la pena. No hay nada más valioso que el sentido del Ser. No hay nada más precioso, más provechoso ni más inimitable.

¿Hacemos una última visualización?

Imagina que no hay nadie. Llevas tu jersey más cómodo y te sientas en un sillón de cuero viejo y desgastado en medio de una habitación. Tu cuerpo cabe perfectamente en el sillón y, tras respirar hondo una vez, te hundes en la comodidad. A tu lado hay una mesa de centro, limpia y lisa, sobre la que descansan numerosos libros con los lomos agrietados y algunas páginas dobladas que marcan tus fragmentos preferidos. Tienes en las manos una taza llena de café caliente (o té negro, o *matcha*, lo que más te guste) y bebes un sorbo, sintiendo la intensidad del sabor bailar en tu lengua. Una lámpara verde de estilo vintage brilla a tu lado con su suave luz, iluminando tu entorno, ayudada por las llamas crepitantes de la chimenea, que te relajan. Una brisa fresca procedente de la ventana entreabierta te roza la mejilla. Sientes calma pero también estás alerta, sientes tranquilidad aunque también tienes energía y entusiasmo.

De repente, notas que una pequeña brasa se desprende de un trozo de leña y cae sobre la alfombra. Enseguida comprendes que, a menos que decidas levantarte y apagar la chispa, toda tu existencia está en peligro. El hogar y la vida que has construido quedarán reducidos a cenizas.

Nada es más importante que eso.

Te levantas y la apagas.

Al día siguiente, cuando pasas por ahí, te das cuenta de que ha quedado una débil marca en la alfombra, que te recuerda aquella vez que casi lo perdiste todo... pero no lo perdiste. Porque actuaste con conciencia e intención.

Permite que tu Yo exista, en el aquí, en el ahora.

Conviértete.

Déjate ser.

Agradecimientos

Es difícil escribir agradecimientos cuando de verdad te quedas sin palabras. He soñado con escribir un libro toda mi vida. Es la forma más honesta de expresarme y ha sido un camino que he tenido la suerte de recorrer con muchas personas maravillosas.

Ezra, me conociste cuando estaba en lo más profundo de la pérdida de mi Ser y me amaste de todos modos. Has estado conmigo incluso cuando no sabía quién era. Fuiste el espacio seguro y el apoyo que necesitaba para crear el Yo que ahora tengo y amo. Sin ti, no creo que existiera la persona que escribió este libro.

Dea, siempre has visto tanto potencial y grandeza en mí que al final lo he terminado viendo en mi Yo. Haces que me resulte fácil ser quien soy. Gracias.

¡Lauren Hall! ¡Ay, Lauren! Este libro, literalmente, no existiría sin ti. Enseguida entendiste mi idea y luchaste sin descanso para preservarla. Gracias por amar este libro tanto como yo.

Steve Troha y Jan Baumer (y todo el equipo de Folio). No tengo idea de lo que he hecho para merecer un equipo tan increíble. Vuestra generosidad y vuestro instinto implacable son la razón por la que estoy aquí. ¡Qué ganas de seguir creando con vosotros a mi lado!

¡Annie Chagnot! ¡Annie! ¡Annie! ¡Lo logramos! Ha sido un libro «denso» (¡ja!), y has volcado tu alma en él; gracias. Te aseguraste, más que nada, de que mi voz se mantuviera fiel y clara en todo momento. Estoy muy agradecida de tenerte como editora. ¡Gracias por embarcarte conmigo en este viaje de locos!

Whitney Frick, Debbie Aroff, Corina Diez, Michelle Jasmine, Maria Braeckel y Avideh Bashirrad, y todos los demás miembros del equipo de The Dial Press. ¡Me siento muy honrada de ser ahora parte de vuestros autores! Gracias por creer en mí y por trabajar tan duro para traer este libro al mundo.

Profesor Längle, usted me ha inspirado, me ha enseñado y ha creído en mí. Conocerlo ha sido un privilegio.

A mi familia y amigos: estoy aquí gracias a vosotros. Sin vosotros y vuestro apoyo, no habría tenido la audacia de alzar mi voz y hablar de lo que me importa.

A mis lectores: esto es para vosotros y no habría sido posible sin vosotros. Gracias por hacer realidad mi sueño de convertirme en escritora.

Notas

PARTE I: El propio Ser

1. Fuente desconocida. Cita comúnmente atribuida a Søren Kierkegaard.

CAPÍTULO 1: ¿Qué es la pérdida del propio Ser?

2. Kierkegaard, Søren (2004), «C. The Forms of Sickness (Despair)», en *The Sickness unto Death: A Christian Psychological Exposition for Edification and Awakening by Anti-Climacus*. Traducido por Alastair Hannay, Penguin Books, Londres. [hay trad. cast.: *La enfermedad mortal*, Madrid, Trotta editorial, 2008].

3. Ver Längle, Alfried (2002), «Existential Fundamental Motivation». Trabajo presentado en el XVIII Congreso Mundial de Psicoterapia en Trondheim, Noruega; Längle, Alfried (2003), «The Art of Involving the Person— Fundamental Motivations as the Structure of the Motivational Process», *European Psychotherapy* 4:1, pp. 47-58; Längle, Alfried (2003), «The Search for Meaning in Life and the Fundamental Existential Motivations», *Psychotherapy in Australia* 10:1, pp. 22-27.

CAPÍTULO 2: ¿Qué es el propio Ser?

4. Kierkegaard, Søren (2004), «A. That Despair Is the Sickness unto Death», en *The Sickness unto Death: A Christian Psychological Exposition for Edification and Awakening by Anti-Climacus*. Traducido por Alastair Hannay, Penguin Books, Londres. [hay trad. cast.: *La enfermedad mortal*, Madrid, Trotta editorial, 2008].

5. Varga, Somogy y Guignon, Charles (2020), «Authenticity», en *The Stanford Encyclopedia of Philosophy*, ed. Edward N. Zalta. https://plato.stanford.edu/archives/spr2020/entries/authenticity/.

6. Marshall, Garry, dir. (1999), *Novia a la fuga*.

7. Sartre, Jean-Paul (2003), *Being and Nothingness: An Essay on Phenomenological Ontology*. Traducido por Hazel E. Barnes, Routledge Classics, Londres y Nueva York, p. 503. [hay trad. cast.: *El ser y la nada*, Buenos Aires, Losada, 2004].

8. *Ibid*, p. 152.

9. *Ibid*, p. 68ff.

10. *Ibid*, pp. 82-83.

11. Kierkegaard, Søren (2004), *The Sickness unto Death: A Christian Psychological Exposition for Edification and Awakening by Anti-Climacus*. Traducido por Alastair Hannay, Penguin Books, Londres. [hay trad. cast.: *La enfermedad mortal*, Madrid, Trotta editorial, 2008].

12. Gupta, Anoop (2005), *Kierkegaard's Romantic Legacy: Two Theories of the Self*, University of Ottawa Press, Ottawa. https://www.jstor.org/stable/j.ctt1ckpgbc.5.

13. *Ibid*.

14. Frankl, Viktor (2006), *Man's Search for Meaning*, Beacon Press, Boston, p. 66. [hay trad. cast.: *El hombre en busca del sentido*, Barcelona, Herder editorial, 2015].

15. Sartre, Jean-Paul (1943), *L'Être et le Néant: Essai d'ontologie Phénoménologique*, Gallimard, París, p. 528. [hay trad. cast.: *El ser y la nada*, Buenos Aires, Losada, 2004].

16. Frankl, Viktor (2006), *Man's Search for Meaning*, Beacon Press, Boston, p. 130. [hay trad. cast.: *El hombre en busca del sentido*, Barcelona, Herder editorial, 2015].

17. Polt, Richard, ed. (2005), *Heidegger's Being and Time: Critical Essays*, Rowman & Littlefield, Lanham.

18. Polt, Richard, ed. (2005), «Heidegger's Anti Dualism: Beyond Mind and Body», en *Heidegger's Being and Time: Critical Essays*, Rowman & Littlefield, Lanham.

19. Kierkegaard, Søren (2004), «B. The Generality of This Sickness (Despair)» en *The Sickness unto Death: A Christian Psychological Exposition for Edification and Awakening by Anti-Climacus*. Traducido por Alastair Hannay, Penguin Books, Londres. [hay trad. cast.: *La enfermedad mortal*, Madrid, Trotta editorial, 2008].

20. Sartre, Jean-Paul (2007), *Existentialism Is a Humanism*. Traducido por Carol Macomber, Yale University Press, New Haven y Londres, pp. 30-31. [hay trad. cast.: *El existencialismo es un humanismo*, Barcelona, Edhasa, 1999].

21. Varga, Somogy y Guignon, Charles (2020), «Authenticity», en *The Stanford Encyclopedia of Philosophy*, ed. Zalta, Edward. https://plato.stanford.edu/archives/spr2020/entries/authenticity/.

22. Sartre, Jean-Paul (2003), *Being and Nothingness: An Essay on Phenomenological Ontology*. Traducido por Hazel E. Barnes, Routledge Classics, Londres y Nueva York, p. 476. [hay trad. cast.: *El ser y la nada*, Buenos Aires, Losada, 2004].

CAPÍTULO 3: ¿Qué me pide la vida?

23. Nietzsche, Friedrich (1997), *Twilight of the Idols: Or, How to Philosophize with the Hammer.* Traducido por Richard Polt. Introducción de Tracy Strong, Hackett, Indianápolis y Cambridge, p. 6. [hay trad. cast.: *El crepúsculo de los ídolos*, Madrid, Alianza editorial, 2013].

24. Frankl, Viktor (2006), *Man's Search for Meaning*, Beacon Press, Boston, p. 99. [hay trad. cast.: *El hombre en busca del sentido*, Barcelona, Herder editorial, 2015].

25. Längle, Alfried (2012), «The Existential Fundamental Motivations Structuring the Motivational Process», en *Motivation, Consciousness and Self-Regulation*, ed. D. Leontiev, Nova Science Publishers, Inc., Nueva York, pp. 27–38.

26. Frankl, Viktor (2006), *Man's Search for Meaning*, Beacon Press, Boston, p. 108. [hay trad. cast.: *El hombre en busca del sentido*, Barcelona, Herder editorial, 2015].

27. *Ibid*, p. 108.

28. *Ibid*, p. 111.

29. *Ibid*, p. 112.

30. *Ibid*, pp. 112–13.

31. Dostoyevski, Fiódor (1984), *The Brothers Karamazov.* Traducido por Constance Garnett, Encyclopedia Britannica, Inc., p. 131. [hay trad. cast.: Los hermanos Karamázov, Barcelona, Penguin Clásicos, 2015].

32. Frankl, Viktor (2006), *Man's Search for Meaning*, Beacon Press, Boston, pp. 98-99. [hay trad. cast.: *El hombre en busca del sentido*, Barcelona, Herder editorial, 2015].

33. *Ibid*, p. 98.

34. *Ibid*, p. 105.

PARTE II: El Yo que perdiste

35. Carl G. Jung, Carl (1969), «Introduction: Our Schizoid World», en *Love and Will*, Norton, Nueva York y Londres, p. 15. [hay trad. cast.: *Amor y voluntad*, Barcelona, Gedisa, 2011].

CAPÍTULO 4: ¿Qué causa la pérdida del propio Ser?

36. May, Rollo (1994), «What Is Courage?», en *The Courage to Create*, Norton, Nueva York y Londres, edición para Kindle, p. 15.

37. Gide, André (1930), *The Immoralist.* Traducido por Dorothy Busy, Vintage Books, Nueva York, p. 89. [hay trad. cast.: *El inmoralista*, Madrid, Debolsillo, 2010].

38. Yalom, Irvin (2010), *When Nietzsche Wept: A Novel of Obsession*, Harper Perennial, Nueva York, capítulo 12. [hay trad. cast.: *El día que Nietzsche lloró*, Barcelona, Ediciones Destino, 2008].

39. *Ibid*, capítulo 8.

40. Meyers, Nancy, dir. (2006), *The Holiday (Vacaciones)*.

CAPÍTULO 5: ¿Qué hace la sociedad para perpetuar la pérdida del propio Ser?

41. Martin Heidegger, Martin (2010), «The Problem of the Attestation of an Authentic Existentiell Possibility», en *Being and Time*. Traducido por Joan Stambaugh, State University of New York Press, Albany. [hay trad. cast.: *Ser y tiempo*, Madrid, Editorial Trotta, 2012].

42. Heidegger, Martin (2010), «The Problem of the Attestation of an Authentic Existentiell Possibility», en *Being and Time*. Traducido por Joan Stambaugh, State University of New York Press, Albany. [hay trad. cast.: *Ser y tiempo*, Madrid, Editorial Trotta, 2012].

43. May, Rollo (1998), *Wordsworth Dictionary of Quotations*, ed. Robertson, Connie, Wordsworth, Hertfordshire, p. 270. (La cita provendría de una entrevista con Mary Harrington Hall publicada en 1967 en *Psychology Today*).

44. Heidegger, Martin (1988), *The Basic Problems of Phenomenology*, ed. rev. Traducido por Albert Hofstadter, Indiana University Press, Bloomington e Indianápolis, p. 322. [hay trad. cast.: *Los problemas fundamentales de la fenomenología*, Madrid, Editorial Trotta, 2000].

45. Längle, Alfried (2012), *Existential Therapy: Legacy, Vibrancy, and Dialogue*, ed. L. Barnett y G. Madison, Routledge, Nueva York, pp. 159-70.

46. Rogers, Carl (1961), *On Becoming a Person: A Therapist's View on Psychotherapy*, Houghton Mifflin Company, Boston, p. 18. [hay trad. cast.: *El proceso de convertirse en persona*, Barcelona, Paidós, 2023].

47. Hesse, Hermann (1979), *Reflections*. Traducido por Ralph Manheim, Triad/Panther Books, Londres, p. 57. [hay trad. cast.: *Lecturas para minutos*, Madrid, Alianza, 2012].

48. Pope, Alexander (1711), «Part II», en *An Essay on Criticism*. [hay trad. cast.: *Ensayo sobre el hombre y otros escritos*, Madrid, Cátedra, 2017].

CAPÍTULO 6: ¿Dónde termino yo y dónde empiezan los demás?

49. Längle, Alfried (2003), «The Search for Meaning in Life and the Existential Fundamental Motivations», *International Journal of Existential Psychology & Psychotherapy* 1:1, p. 28; Längle, Alfried (2003), «The Art of Involving the

Person—Fundamental Motivations as the Structure of the Motivational Process», *European Psychotherapy* 4:1, pp. 47–58.

PARTE III: El Yo que vives

50. Hesse, Hermann (1958), *Demian.* Traducido por W. J. Strachan, Peter Owen Vision Press, Londres, p. 6. [hay trad. cast.: *Demian*, Madrid, Alianza, 2011].

CAPÍTULO 7: Limpieza mental: crea espacio para quien eres de verdad

51. Oaten, M., Stevenson, R., Williams, M., Rich, A., Butko, M. y Case, T. (2018), «Moral Violations and the Experience of Disgust and Anger», *Behavioral Neuroscience* 12, https://doi.org/10.3389/fnbeh.2018.00179; Haidt, J. (2003), «The Moral Emotions», en *Handbook of Affective Sciences*, ed. Davidson, R. J., Scherer, K. R. y Goldsmith, H. H., Oxford University Press, Oxford, pp. 852-70.

52. Heidegger, Martin (2017), *Ponderings VII–XI: Black Notebooks 1938-1939.* Traducido por Richard Rojcewicz, Indiana University Press, Bloomington e Indianápolis, p. 49.

53. Heidegger, Martin (1988), *The Basic Problems of Phenomenology*, ed. rev. Traducido por Albert Hofstadter, Indiana University Press, Bloomington e Indianápolis, p. 322. [hay trad. cast.: *Los problemas fundamentales de la fenomenología*, Madrid, Editorial Trotta, 2000].

CAPÍTULO 8: El cuerpo eléctrico: reconéctate con tu cuerpo y comunícate con él

54. Merleau-Ponty, Maurice (2002), *Phenomenology of Perception.* Traducido por Colin Smith, Routledge Classics, Londres y Nueva York, p. 169. [hay trad. cast.: *Fenomenología de la percepción*, Barcelona, Planeta, 1985].

55. *Ibid*, p. 474.

56. *Ibid*, p. 167.

57. Sartre, Jean-Paul (2003), *Being and Nothingness: An Essay on Phenomenological Ontology.* Traducido por Hazel E. Barnes, Routledge Classics, Londres y Nueva York. [hay trad. cast.: *El ser y la nada*, Buenos Aires, Losada, 2004].

58. *Ibid*, p. 650.

59. *Ibid*, p. 650.

60. Waters, Mark, dir. (2004), *Chicas malas.*

CAPÍTULO 9: Siéntelo todo: experimenta tus emociones y exprésalas

61. Bolte Taylor, Jill (2006), *My Stroke of Insight: A Brain Scientist's Personal Journey*, Viking, Nueva York, p. 146. [hay trad. cast.: *Un ataque de lucidez,* Madrid, Debate, 2009].

62. *Ibid*, p. 155.

63. Längle, Alfried, *Emotionality: An Existential-Analytical Understanding and Practice*. https://laengle.info/userfile/doc/Emotionality-incompl.pdf, p. 52.

64. *Ibid*, p. 44.

65. *Ibid*, p. 59.

PARTE IV: El Yo que eres

66. Yalom, Irvin (2010), *When Nietzsche Wept: A Novel of Obsession*, Harper Perennial, Nueva York, capítulo 21. [hay trad. cast.: *El día que Nietzsche lloró,* Barcelona, Ediciones Destino, 2008].

CAPÍTULO 10: El arte de habitar tu Ser

67. Merleau-Ponty, Maurice (2002), *Phenomenology of Perception*. Traducido por Colin Smith, Routledge Classics, Londres y Nueva York, p. 530. [hay trad. cast.: *Fenomenología de la percepción*, Planeta, Barcelona, 1985].

Lecturas recomendadas

Beauvoir, Simone de, *Memorias de una joven formal.*

Camus, Albert, *El mito de Sísifo.*
—, *El extranjero.*

Didion, Joan, *El año del pensamiento mágico.*

Dostoyevski, Fiódor, *Apuntes del subsuelo.*

Ellison, Ralph, *El hombre invisible.*

Frankl, Viktor E., *El hombre en busca del sentido.*

Heidegger, Martin, *Ser y tiempo.*

Hesse, Hermann, *Demian.*
—, *Siddhartha.*

Kafka, Franz, *La metamorfosis.*

Kierkegaard, Søren, *O lo uno o lo otro.*
—, *La enfermedad mortal.*

Längle, Alfried, *Existenzanalyse und Logotherapie* (Análisis existencial y logoterapia).
—, *Existenzanalyse* (Análisis existencial).
—, *Living Your Own Life: Existential Analysis in Action* (Vivir tu propia vida: análisis existencial en acción).

Merleau-Ponty, Maurice, *Fenomenología de la percepción.*

Nietzsche, Friedrich, *Voluntad de poder.*

Sartre, Jean-Paul, *El ser y la nada.*
—, La *náusea.*
—, *A Puerta cerrada.*

Whitman, Walt, «Yo canto el cuerpo eléctrico», en *Hojas de hierba.*